HOLLYWOOD

W0083788

Burkhard Röwekamp, geboren 1965, ist wissenschaftlicher
Mitarbeiter am Institut für Neuere deutsche Literatur
und Medien an der Philipps-Universität Marburg.
Er promovierte mit einer Arbeit über den Film noir.

HOLLYWOOD

Burkhard Röwekamp

DUMONT

Impressum

Umschlagvorderseite von links nach rechts und von oben nach unten:
Samuel L. Jackson und John Travolta in »Pulp Fiction«, 1994 / Alfred Hitchcock /
Marilyn Monroe / »Der weiße Hai«, 1974 / George Lucas / Leonardo di Caprio und
Kate Winslet in »Titanic«, 1997

Umschlagrückseite von links nach rechts:
Hollywood, Los Angeles/Mickey Mouse, 1928

Frontispiz:
Die überdimensionalen Buchstaben verkünden selbstbewusst Hollywoods Größe und Macht.

Bibliografische Information der Deutschen Bibliothek
Die Deutsche Bibliothek verzeichnet diese Publikation
in der Deutschen Nationalbibliographie;
detaillierte bibliografische Daten sind im Internet über
http://dnb.ddb.de abrufbar.

Originalausgabe
© 2003 DuMont Literatur und Kunst Verlag, Köln
Alle Rechte vorbehalten
Satz und Herstellung: Roman Bold & Black, Köln
Druck und buchbinderische Verarbeitung: Editoriale Lloyd

Printed in Italy ISBN 3-8321-7608-X

Inhalt

Inhalt

Hollywood bezeichnet schon lange nicht mehr nur jenen beschaulichen Entstehungsort der weltweit erfolgreichsten Filmindustrie im südlichen Kalifornien. Der Name Hollywood ist vielmehr über die Jahre zum Markenzeichen der populären Filmkultur des 20. Jahrhunderts selbst geworden. Seit ihren Anfängen hat Hollywoods Filmindustrie nicht nur handwerklich perfekte Massenware, sondern auch unzählige Filme hervorgebracht, die sich durch eine besonders glanzvolle Ästhetik und elegante Erzählungen auszeichneten und Hollywoods Stil weltweit berühmt machten. Hollywoods Erfolgsstory sucht seither in der vergleichsweise jungen Geschichte des Films ihresgleichen. Andererseits hat Hollywood auch Schule gemacht und Nachahmer gefunden. So kopiert beispielsweise Indiens Filmindustrie, liebevoll »Bollywood« genannt, erfolgreich die von Hollywoods Filmindustrie entwickelten Methoden und Standards.

Seit 1959 hinterlassen Hollywoods Stars ihre Spuren auf dem berühmten Walk of Fame entlang des Hollywood Boulevards in Los Angeles.

Der phänomenale Aufstieg ist einerseits untrennbar mit dem Aufkommen des bewegten Bildes und natürlich der Geschichte des Films verbunden, doch andererseits begründet er sich aber auch – wie Filmmogul Adolph Zukor einmal zu verstehen gab – durch Hollywoods Fähigkeit zur zielstrebigen Ausbeutung des populären Publikumsgeschmacks und des Unterhaltungsbedürfnisses der Massen. Aber Hollywood ist kein Mythos: Hollywood steht synonym sowohl für die national und international dominierende Filmkultur der USA als auch für marktwirtschaftlich perfekt organisierte Filmproduktionen und illusionistische Formen des Erzählens sowie der Filmgestaltung. Hollywoods

Schauspielerinnen wie
Marilyn Monroe und
Jane Russel verkörpern
noch heute die Idee von
Hollywood.

Filmindustrie ist zugleich Heimat unzähliger Stars, Sternchen und Statisten, namhafter ebenso wie unbekannter Regisseure, einflussreicher Studiobosse und Produzenten sowie zahlreicher weiterer Filmleute, die hinter der glamourösen Fassade unverzichtbare Arbeiten verrichten wie Drehbuchautoren, Kameraleute, Beleuchter, Cutter, Ausstatter, Bühnenmaler bis hin zu Kabelträgern und *script girls*. Wer einmal den minutenlangen Abspann eines durchschnittlichen Hollywoodfilms verfolgt hat, kann erahnen, welch immenser personeller, aber auch organisatorischer und finanzieller Aufwand notwendig ist, um all die Techniken des Filmemachens ins Werk zu setzen.

Die Geschichte Hollywoods wurde in starkem Maße geprägt von politischen und wirtschaftlichen Umwälzungen. Beinahe ebenso stark wurde sie indes auch von eigenen Fehlern und Unzulänglichkeiten, Eitelkeiten und internen Machtkämpfen bestimmt. Doch Hollywood zeigte sich stets flexibel genug zur Anpassung an veränderte Rahmenbedingungen. Inneren Auseinandersetzungen, wirtschaftlichen Krisen, politischen Umwälzungen, gesellschaftlichen Zwängen oder Schutzmaßnahmen der Konkurrenz zum Trotz: Immer wieder ging Hollywoods Filmindustrie aus Notsituationen gestärkt hervor und konnte ihre beherrschende Stellung auf dem Weltmarkt ausbauen.

Der »Schnellkurs Hollywood« soll einen ersten Überblick über die komplexen Zusammenhänge der Entstehung und Entwicklung von Hollywoods Filmproduktion sowie ihren Bedingungen und Wirkungen von den Anfängen bis in die Gegenwart verschaffen. Dabei informiert der »Schnellkurs« nicht nur kurz und präzise über die wichtigsten Aspekte Hollywoods, er will vor allem neugierig machen auf die Vielgestaltigkeit des Phänomens und anregen zum Weiterlesen, zum Wiedersehen und Neusehen von Filmen, und will den Blick schärfen für die Grundlagen unserer Bilderkultur, die von den Produkten Hollywoods nachhaltig geprägt ist. Dem entspricht die Gliederung des Textes, die die wesentlichen historischen Aspekte zu Personen, über die Technik als auch der künstlerischen sowie wirtschaftlichen und kulturellen Rahmenbedingungen Hollywoods entlang einer filmhistorischen Rekonstruktion ins Visier nimmt. En passant wird auf diese Weise die Geschichte Hollywoods als veränderliches Zusammenspiel aller Einflussgrößen mit unterschiedlichen Schwerpunkten zu verschiedenen Zeiten zugänglich gemacht. Dem Überblickscharakter entsprechend kann die Darstellung selbstredend keinen Anspruch auf lexikalische Vollständigkeit erheben. So markieren etwa die genannten Filme und Personen lediglich einen repräsentativen Querschnitt durch Hollywoods Filmgeschichte, wenngleich ihre Bedeutung für die Entwicklung evident erscheint. Gerade die gebotene Kürze der Darstellung kann eventuell dazu beitragen, dass Hollywoods schöner Schein ein identifizierbares Aussehen bekommt, seine Strukturen sichtbar werden und das Geheimnis seines Erfolges – zumindest ansatzweise – gelüftet wird.

Neben romantisch-kitschigem Glamour versteht sich Hollywood auch auf grelle Schockeffekte: Jack Nicholson als Jack Torrance in »Shining« 1980.

Burkhard Röwekamp

Patente und Konflikte:
Der Weg zur unabhängigen Filmproduktion

Die Geschichte der US-amerikanischen Filmindustrie beginnt in New York, Chicago und Philadelphia. In New York gründeten 1908 die drei großen Filmproduktionsfirmen Edison Company, American Mutoscope & Biograph und Vitagraph zusammen mit den kleineren Firmen Selig, Essanay, Lubin und Kalem den ersten Filmtrust, die Motion Picture Patents Company (MPPC), ein Zusammenschluss zum Schutz von Patenten auf Filmmaterial, Kameras und Projektoren. Zu ihr gehörten mit den Produzenten Georges Méliès und Charles Pathé auch zwei französische Unternehmer. Weitere ausländische Firmen wurden nicht zugelassen. Die Lizenzierungspraxis der MPPC betraf die technische Ausrüstung sowie Regelungen des Vertriebs wie Dauerbestellungen und Zonenbeschränkungen, was die Konkurrenz, etwa aus Europa, weitgehend fernhielt. Durch Verträge mit Vertriebsfirmen und Filmtheatern sowie Standardpreise für Filmrollen sollte das wirtschaftliche Potenzial des neuen Mediums sichergestellt werden: Nur Filmgesellschaften mit Lizenzen für technische Apparaturen der MPPC durften Filme herstellen, nur lizenzierte Vertriebsfirmen diese dann veröffentlichen und alle Filmtheater, die Filme der MPPC zeigen wollten, mussten eine wöchentliche Gebühr dafür entrichten.

Thomas Alva Edison meldete über 1000 Patente an, neben Glühlampe und Verbunddampfmaschine unter anderem auch für das Kohlekörnermikrofon, den Phonograph (Vorläufer des Grammophons) und das Filmaufnahmegerät Kinetograph.

Faktisch kontrollierte die MPPC trotz aller Anstrengungen den Filmmarkt allerdings niemals vollständig. Unabhängige Filmvertriebe und -händler, die keine Filme von der MPPC kaufen konnten, begannen mit dem Aufbau eigener Filmproduktionen. Die Produzenten Carl Laemmle, Adolph Zukor, Marcus Loew und William Fox, die späteren Filmmoguln Hollywoods, widersetzten sich den Monopolbestrebungen der MPPC. Um ihrer rigiden Lizenzierungspraxis zu entgehen, wichen die so genannten Independents auf nichtpatentierte Filmtechniken aus oder bedienten sich aus dem Fundus der europäischen Filmproduktionen, die auf diese Weise Zugang zum US-amerikanischen Markt erhielten. Mit ihren Produkten belieferten sie nichtlizensierte Filmbörsen und Nickelodeons, die Fünf-Cent-Kinos.

Thomas A. Edison war ein Pionier der Elektro- und Kommunikationstechnik.

Widerstand gab es auch auf Seiten der Abspielstätten: Während ca. 6.000 Filmtheater den Forderungen der MPPC nachkamen, verweigerten 2.000 die Kooperation und boten so weiteren Raum für die unabhängige Filmproduktion. Mit der Gründung der Vertriebsgruppe General Film Company versuchte die MPPC, die Monopolisierung des Filmgeschäfts voranzutreiben und den Unabhängigen ein Ende zu bereiten. 1909 schlossen sich die unabhängigen Filmproduktionen unter Führung der Independent Motion Picture Company (IMP) zu einer eigenen Organisation zusammen. Doch anstatt neue Wege für Produktion, Vertrieb und Aufführung von Filmen zu finden, kopierte ihr Vertrieb, die Motion Picture Distributing and Sales Company, lediglich die Methoden der MPPC. Von nun an stritten zwei Großunternehmen um die Vormacht auf dem Filmmarkt.

Seit 1912 nahm die US-amerikanische Justiz das Monopolisierungsbestreben des New Yorker Trust, wie die MPPC auch genannt wurde, ins Visier. Deren Versuch, das blühende Filmgeschäft zu kontrollieren, wurde 1915 durch den Sherman Anti-Trust Act für illegal erklärt und die MPPC aufgelöst. Doch dieser frühe Monopolisierungsversuch der US-amerikanischen Filmindustrie mitsamt seinen Prinzipien von Produktion und Vertrieb erfuhr später in Hollywoods Studiosystem eine Renaissance und hat die Filmproduktion bis heute geprägt.

Der Umzug des Filmgeschäfts von der Ost- an die Westküste

Eine Reaktion auf das rigide Vertriebssystem der MPPC und die dadurch beschränkte Möglichkeit, neue Formate und Produkte auf den Markt zu bringen, war die Suche zahlreicher Filmschaffender nach neuen Produktionsstätten. Was lag da näher, als auf die Westküste auszuweichen, auf einen kleinen Vorort von Los Angeles namens Hollywood, der bereits um 1910 von New Yorker Produktionsfirmen für Filmarbeiten genutzt wurde? Hollywood bot für die aufstrebende Filmindustrie geradezu ideale Bedingungen. Die abwechslungsreiche Landschaft mit Zugang zum Ozean, mit Wüste, Bergen und Waldgebiet bot eine ideale Umgebung für die unterschiedlichsten Filmprojekte. Das gemäßigte Klima mit vielen Sonnentagen bot die Möglichkeit, beinahe ganzjährig Außenaufnahmen zu machen. Günstiges Bauland und kaum gewerkschaftlich organisierte Arbeitskräfte machten die Verlagerung der Filmproduktion zusätzlich lukrativ.

Um 1910 eröffneten in der Stadt zahlreiche große Filmfirmen aus dem Osten der USA ihre Niederlassungen, darunter auch die unabhängige New York Motion Picture Company unter der Leitung von Thomas Ince. Der Regisseur und Produzent war ein Pionier der Organisation von Produktionsabläufen bei der Filmherstellung. Obwohl Hollywood zunächst nur als Ausweichort für die Filmproduktion vorgesehen war, entstanden schon bald große Studiokomplexe. Die Firmenzentralen der bereits bestehenden großen Produktionsfirmen blieben in New York und fällten von dort aus alle wichtigen Entscheidungen. Aber mit Firmen wie Paramount, MGM oder Fox entstanden zeitgleich an der Westküste zahlreiche neue Firmen. Ihre Unabhängigkeit von den bestehenden Strukturen der Filmindustrie der Ostküste ermöglichte es ihnen, neue Standards der Filmproduktion, des Vertriebs und der Aufführung zu setzen. Erst sie machten Hollywood zu einem Markenzeichen.

Thomas Ince war eines der ersten Multitalente des US-amerikanischen Films und setzte früh qualitative Maßstäbe, vor allem bei der Produktion von Western. Als Schauspieler, Drehbuchautor, Regisseur und Produzent war Ince eine der wichtigsten und einflussreichsten Persönlichkeiten der frühen Filmindustrie.

Der Siegeszug Hollywoods

Nach ihrer Übersiedlung nach Hollywood eroberten die unabhängigen Produzenten nach und nach den gesamten US-amerikanischen Markt. Dabei zielten ihre Bestrebungen, den Filmmarkt unter Kontrolle zu bringen, weniger auf die 20.000 Filmtheater des Landes, als auf die etwa 2.000 Filmpaläste in den Großstädten. Diese technisch und architektonisch aufwändig gestalteten Abspielstätten bildeten die Zentren der neuen Filmkultur und verliehen ihr zugleich einen gewissen Glamour. Vorbilder waren das 1913 eröffnete »Regent«, dem bald die an Opernhäuser erinnernden luxuriösen Prachtbauten mit so klangvollen Namen wie »Strand«, »Rialto«, »Rivoli« oder »Capitol« folgten. Sie verfügten über mehrere Tausend Sitzplätze

und boten ein umfangreiches Programm mit Wochenschau, Reisebericht, Trickfilm, Bühnenshow und anschließendem Spielfilm. Filmpaläste boten der aufstrebenden Mittelschicht und Oberschicht in den Vororten der großen Städte ein neues Freizeitvergnügen. Verkehrsgünstig außerhalb der Stadtzentren und jenseits der Vergnügungsviertel gelegen, lieferten sie verschwenderische Spektakel zu hohen Eintrittspreisen. Filmpaläste waren bevorzugte Orte für Erstaufführungen, und etwa drei Viertel der Gesamteinnahmen eines Films wurden hier erwirtschaftet. In den 1920er Jahren wurde der Kinobesuch zu einer der beliebtesten Unterhaltungsformen in den USA. Durch den Erwerb von Filmpalästen und den Aufbau eigener Theaterketten übernahmen die Unabhängigen nach und nach die Kontrolle über die Aufführung von Filmen.

Gigantische Studiobauten wie dieser für »Der Dieb von Bagdad« (1924) waren keine Seltenheit in Hollywood. Eine Vielzahl handwerklicher Berufe kamen hier zum Einsatz.

Zusammen mit der Chicagoer Firma Balaban & Katz entwickelte Adolph Zukor in den 1920er Jahren das Film-palast-Konzept zu einem ökonomischen Erfolgsmodell weiter. 1925 fusionierte Zukors Famous Players Lasky mit Balaban & Katz zur Paramount Pictures Corporation – das erste Unternehmen in der Geschichte Hollywoods, bei dem Verantwortung und Kontrolle über Produktion, Vertrieb und Aufführung in einer Hand lagen. Dieses Modell wurde bald von den anderen großen Filmfirmen Hollywoods übernommen. Schließlich beherrschten die fünf größten Filmfirmen Hollywoods, Paramount, Twentieth Century Fox, Warner Brothers, RKO und

Die Auswirkungen der Depression und der Krise Hollywoods in den 1960er Jahren hinterließen in der Kinostatistik deutliche Spuren.

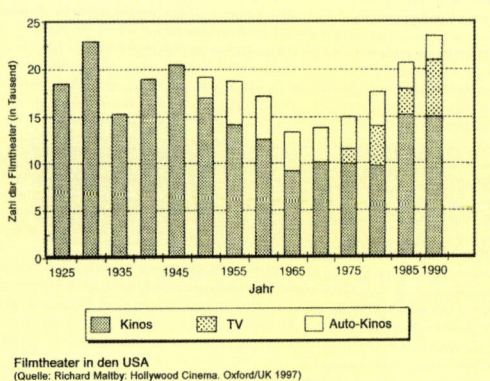

Filmtheater in den USA
(Quelle: Richard Maltby: Hollywood Cinema. Oxford/UK 1997)

Loew's/MGM, den inländischen und in weiten Teilen auch den ausländischen Filmmarkt. Erst 1948, im so genannten Paramount-Prozess, wurden diese Monopoli-sierungsbestrebungen untersagt und die Filmindustrie Hollywoods musste sich von ihren Kinoketten trennen.

Die bereits vom New Yorker Trust (MPPC) angestrebte Kontrolle über das Filmgeschäft gelang den Unabhän-gigen, indem sie nicht nur Produktion und Vertrieb, son-dern darüber hinaus auch noch die Möglichkeiten zur Aufführung in ihren eigenen Filmtheaterketten kontrol-lierten. So perfektionierten sie das Prinzip der vertikalen Integration der drei Geschäftsbereiche unter einem Dach und schufen damit die Basis für einen lang anhaltenden weltweiten ökonomischen Erfolg. Seitdem waren die großen Studios Hollywoods allerdings kaum mehr unabhängig zu nennen, kontrollierten sie durch die lückenlose Filmverwertungskette doch selbst inzwischen die Filmwirtschaft und generierten so neue Abhängigkeiten. Die ehemaligen Independents schufen fortan ein System für die Produktion von Filmen und deren Vertrieb, für das die Ortsbezeichnung Hollywood zum Synonym wurde.

Der steigenden Nachfrage nach Filmen in In- und Ausland begegnete die neu formierte Filmindustrie Hollywoods mit einem größeren Ausstoß an Filmen. Dies wiederum bedurfte neuer, rationellerer Methoden der Filmherstellung, was zu weiterer Differenzierung und Verfeinerung der Arbeitsteilung führte. Im Zentrum der Produktion stand der 90minütige, abendfüllende Spielfilm mit Produktionskosten zwischen 100.000 und 500.000 Dollar, der eine ungewöhnliche Geschichte erzählen sollte. Begleitet von Wochenschauen oder kurzen Trickfilmen wurde aus dem Medium, das einstmals für seine lebensecht wirkenden, bewegten Bilder bewundert worden war, ein massentaugliches Kunstprodukt, das mehrere Funktionen erfüllen musste: mehr oder minder kunstvolle und ambitionierte Unterhaltung für ein breites Publikum bieten und als Werbeträger für die Produkte der Filmindustrie dienen.

Um dem Publikum den Eindruck des Besonderen und Exklusiven vorzugaukeln, wurde neben gezielten Reklame- und Werbekampagnen das Starsystem entwickelt. Stars machten aus dem Massenprodukt Film eine besondere Attraktion. Stars waren also in erster Linie Werbeträger und erst in zweiter Linie herausragende Schauspieler. Es ging bereits damals zumindest ebenso sehr um das öffentliche Bild wie um künstlerische Werte. Anfangs wurden Stars mit Hilfe langfristiger Verträge an Produktionsfirmen gebunden und fungierten als eine Art Markenzeichen derselben. Produktionen wurden mit großem Aufwand auf sie zugeschnitten. Als fremde bzw. ›zugekaufte‹ Stars zu teuer wurden, gingen die Filmfirmen dazu über, eigene Stars aufzubauen. Die Schauspielerin Mary Pickford etwa, die bei Adolph Zukors Famous Players

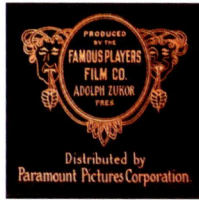

Adolph Zukor gestaltete seine Filmproduktionsfirma Famous Players nach dem Vorbild der französischen Firma Film d'Art, die »Queen Elizabeth« (1912) produziert hatte.

unter Vertrag stand, wurde zum berühmtesten weiblichen Star ihrer Zeit. Ihre Gage stieg von 1909 bis 1917 von 100 auf 10.000 Dollar. Als sich die Stars ihres Einflusses auf das Filmgeschäft bewusst wurden, konntgen nur wenige sich aus dem System lösen; zu restriktiv waren die auf viele Jahre festgelegten Verträge. Einigen gelang es dennoch, sich selbst zu organisieren. Charles Chaplin, Douglas Fairbanks und Mary Pickford gründeten zusammen mit dem Regisseur David W. Griffith 1919 die unabhängige Filmproduktionsgesellschaft United Artists mit dem Ziel, Filme zu vertreiben, die von Stars produziert wurden und deren Gewinne direkt an das künstlerische Personal – die Stars – zurückflossen. Das Modell feierte mit Filmen wie »Das Zeichen des Zorro«

Naiver Charme gepaart mit verführerischer Raffinesse und geschäftstüchtigem Scharfsinn machte »Little Mary« alias Mary Pickford zu einem der erfolgreichsten weiblichen Stars der Filmgeschichte.

(1920), »Der kleine Lord« (1921) oder »Goldrausch« (1925) beachtliche Erfolge. Eine zu geringe Produktionskapazität war allerdings bald der größte Nachteil, denn die Kinobetreiber verlangten weitaus mehr Filme für ihre Programme als United Artists herstellen konnte. Das System der seriellen Filmproduktion dagegen war durch effiziente und kostengünstige Fließbandherstellung auf das Bedürfnis des Marktes nach wöchentlich neuen massentauglichen Spielfilmen bestens eingestellt.

Mit der Durchsetzung des Langfilms als abendfüllendem Standardformat wuchs der Bedarf an spezialisierten Fachkräften. Neue Berufsgruppen entstanden: Neben Regisseure und Kameraleute traten Autoren, die Handlungsabläufe entwarfen, Kulissenmaler, Kostümbildner und Cutter. Filme wurden nicht mehr entsprechend der chronologischen Reihenfolge der Handlungen gedreht, sondern nach Maßgabe effektiver zeitlicher Auslastung der Studios und des

Personals, gemäß eines streng kalkulierten Kostenplanes. Dies machte exakte Drehbücher notwendig, damit am Ende alle Aufnahmen in der richtigen Reihenfolge montiert werden konnten. Das Drehbuch diente zugleich als Kalkulationsgrundlage für die einzusetzenden Mittel und musste bereits aus diesem Grund mit äußerster Sorgfalt erstellt werden. Auf der Basis des Drehbuchs entschied der Firmenboss über Wohl und Weh des Projekts. Gab es grünes Licht für die Realisation, überarbeitete ein Produktionsleiter des Studios das Drehbuch gemäß den Gegebenheiten vor Ort. Der weitere Produktionsablauf gestaltete sich im Wesentlichen nach dem von Thomas Ince entwickelten Prozedere. Inces Entwurf eines Studios sah verschiedene Instanzen und Funktionsbereiche vor: Ein Studioboss vor Ort kontrollierte alle laufenden Projekte; ein Produktionschef genehmigte Projekte und brachte sie in Gang, beschaffte Gebäude für die Dreharbeiten, bestimmte die Besetzung, beauftragte Autoren, Architekten und Techniker mit der Erstellung von Drehbuch, Bühnen, Kulissen und Kostümen, um die Geschichten in Szenen umzusetzen, und organisierte auch eine eigene Polizei und Feuerwehr zum Schutz der Drehorte; ein Regisseur kümmerte sich schließlich um die Ausführung des Projekts gemäß eines kontinuierlichen Drehplans. Projekte wurden ein Jahr im Voraus geplant und existierende Kulissen und Bauten in anderen Filmprojekten weiterverwendet; Künstler entwarfen Kulissen; professionelle Agenten wählten die Besetzungen für Sprechrollen aus (casting); Maskenbildner sorgten für glamouröses Aussehen der Stars; Kameraleute wurden mit der exakten Abfilmung der Drehbuchvorlagen beauftragt; und Personal für die Überwachung logischer Filmanschlüsse stellte sicher, dass die Aufnahmen nach Abschluss der Dreharbeiten richtig montiert wurden, die wiederum der Produzent selbst überwachte. Das von Ince erdachte arbeitsteilige System war ein erster Prototyp für die künftige Verteilung der Aufgaben im Studiosystem Hollywoods.

Vom one-reeler zum 90minütigen Erzählfilm: Das abendfüllende Langfilmformat entsteht

Die ersten Filme, die in den USA gezeigt wurden, waren so genannte *one-reeler,* Filme also von der Länge einer Filmrolle *(reel),* das bedeutete 300 Meter Film im 35-Millimeter-Format. Die Vorführung einer solchen Rolle dauerte zehn Minuten. Die Länge eines Films wurde mit seiner Rollenzahl angegeben. Weil man glaubte, dass Zuschauer Filme von einer Länge mit mehr als zwei Filmrollen ablehnen würden, gab es zunächst nur *one-reeler* und *two-reeler.* Sofern frühe Filme Spielhandlungen präsentierten, waren diese in zwei Akte unterteilt.

Dieses Format prägte als Folge des Nickelodeon-Booms den Standard. Zwar gab es längere Filme bereits seit 1909, doch da die MPPC die Aufführung von einer Rolle pro Woche, unabhängig vom Inhalt des Films, vorschrieb, mussten Filme, die länger als eine Filmrolle waren, an aufeinander folgenden Wochen gezeigt werden. So lief beispielsweise der vom MPPC-Mitglied Vitagraph hergestellte Film »The Life of Moses« (1909) fünf Wochen in Filmtheatern, weil er auf insgesamt fünf Filmrollen verteilt war. Nur gelegentlich wurden längere

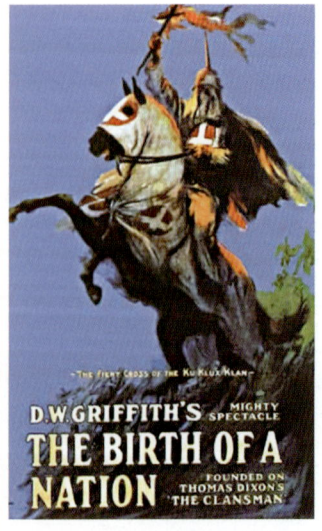

Der stilistisch innovative Film »Die Geburt einer Nation« (1915) über den amerikanischen Bürgerkrieg wurde für seine Montagetechnik gefeiert, aber wegen seines Umgangs mit rassistischen Weltanschauungen kritisiert.

Filme am Ende des Aufführungszyklus noch einmal komplett gezeigt. Bis 1917 stieg die durchschnittliche Filmlänge auf 60 bis 90 Minuten. Insbesondere italienische Kostümfilme wie »L'Inferno« (1910/11) und nicht zuletzt der 9-Akter »Quo Vadis?« (1913) sowie der 12-Akter »Cabiria« (1914) spielten dabei eine Vorreiterrolle. Mit dem ebenso monumentalen wie epochalen »Die Geburt einer Nation« machte Regisseur David W. Griffith 1915 den Langfilm endgültig zur Norm.

In Anlehnung an das Vaudeville-Theater verwendete die Filmindustrie für die neuen, langen Spielfilme als Hauptattraktionen des abendlichen Programms den Namen *feature.* Vaudeville war eine burleske Bühnenunterhaltungsform, die in den USA von ca. 1895 bis 1930 populär war. Eine Vaudeville-Show bestand aus 10 bis 15 unzusammenhängenden Auftritten von Magiern, Akrobaten, Komödianten, dressierten Tieren, Jongleuren, Sängern oder Tänzern. Seit 1896 wurden auch Filme als besondere Attraktionen in Vaudeville-Programme eingebunden. *Feature* bedeutete zunächst nichts anderes als ein ungewöhnlicher Film, der in speziellen Werbekampagnen angepriesen wurde.

Die Entwicklung des klassischen Hollywood-Stils

Lange vor Hollywood und bevor David W. Griffith zu einiger Berühmtheit gelangte, nahm der von Edwin S. Porter bei der Edison Manufacturing Company hergestellte Film »Der große Eisenbahnraub« (1903) zahlreiche später für Hollywood so typische stilistische Merkmale vorweg. Der Film erzählte die Geschichte eines halsbrecherischen bewaffneten Überfalls auf einen Zug, der anschließenden Verfolgungsjagd und der Festnahme der Banditen nach einer Schießerei. Obwohl es sich bei dem Film nur um einen einfachen *one-reeler* mit zehn Minuten Laufzeit und insgesamt lediglich 14 Szenen handelte, gilt »Der große Eisenbahnraub« als erster Film mit einer durchgängig erzählten Geschichte. Zwei temporeich inszenierte Handlungsstränge, die abwechselnd die Banditen und ihre Verfolger zeigten, wurden durch Parallelmontage und Filmschnitt so miteinander verbunden, dass trotz getrennter Aktionen der Eindruck eines zeitlich und räumlich zusammenhängenden Geschehens entstand. Ebenso ungewöhnlich wie die neuartige Erzähltechnik war auch die eindringliche Darstellung von Gewalt und Tod. Aufgrund seines Themas und seiner Ausstattung gilt der Film als erster Western überhaupt. Er war zugleich auch der kommerziell erfolgreichste und populärste Film vor der Blütezeit der Nickelodeons.

Während der Frühphase der Filmproduktion in den USA stellten Filme in der Regel nur Situationen oder Ereignisse dar oder dienten der Präsentation filmischer Trickeffekte. Der nicht-fiktionale Film dominierte. Abspielstätten waren Vaudeville-Theater, Vortragssäle,

Obwohl David W. Griffith als ›Erfinder‹ des modernen Erzählfilms gilt, wurden durch ihn berühmt gewordene Filmtechniken wie Großaufnahme, Zwischenschnitt, Überblendungen oder nicht-theatralische Schauspielerei auch vorher schon vereinzelt eingesetzt.

Opernhäuser oder Kirchen. Die Nähe zum Jahrmarkt-vergnügen war diesen frühen Produktionen noch ein-geschrieben. Das rasante Tempo und die verblüffenden Effekte machten das neue Medium Film zur Sensation. Auf der anderen Seite fanden frühe Filme mit einer Er-zählhandlung, zumeist auf einen Aspekt der Geschichte beschränkt, ihr Publikum in so genannten Nickelodeons. Diese frühen Kinos, benannt nach ihrem anfänglichen Eintrittspreis von fünf Cent (Nickel), kamen 1906 in Mode und führten zu einem regelrechten Nickelodeon-Boom. Zwar bescherte dies der Popularität des neuen Mediums Film einen gehörigen Entwicklungsschub, doch der Filmindustrie fiel es schwer, das wild wuchern-de Nickelodeon-Geschäft unter Kontrolle zu bringen. Außerdem gab es moralische Vorbehalte gegen die manchmal recht zwielichtigen Abspielstätten; Rufe nach Zensur wurden immer lauter.

Die massenhafte Verbreitung von Filmen in Nickel-odeons bedingte eine Veränderung des Publikumsge-schmacks. Das Publikum verlangte bald nach mehr als den kurzlebigen filmischen Attraktionen der frühen Jahre. Seit etwa 1904 stieg in den USA das Interesse an Filmen, die in sich geschlossene Geschichten erzählten. Um die steigende Nachfrage auffangen zu können, nutz-ten die Filmproduktionen Bühnenstücke und Romane als Quelle der Inspiration. Insbesondere die auf wenige Charaktere und Handlungsschwerpunkte konzentrierte populäre Form der Kurzgeschichte bzw. Novelle des 19. Jahrhunderts wurde zum Vorbild für die neue Film-erzählung. Wurden anfangs ganze Handlungen noch in einer einzigen Einstellung gedreht, und mussten entsprechend einfach konstruiert sein, so machte die Popularität der *one-reeler* bald längere Erzählungen mit mehreren Einstellungen erforderlich. Die Fachpresse beschwerte sich allerdings schon bald über die geringe Verständlichkeit der Geschichten, die kaum mehr nach-vollziehbar waren. Dies lag an dem Mangel an techni-schen Fertigkeiten, um unterschiedliche Einstellungen zu einem sinnvollen Ganzen zu verknüpfen. Die Filme-macher mussten also Techniken entwickeln, mit deren

Hilfe die räumliche, zeitliche und logische Kontinuität der erzählten Geschichten gewahrt werden konnte, damit sie für das Publikum verständlich blieben – trotz der Zerstückelung von Raum und Zeit durch einzelne *shots*. Filmschnitt, Kameraarbeit, Beleuchtung und Schauspielerführung mussten so organisiert werden,

dass der Zuschauer die fiktive Handlung begreifen konnte. Bereits in dieser Frühphase des Hollywoodkinos ging es um die Herstellung eines kontinuierlichen Realitätseindrucks, also um die Erzeugung realistisch wirkender Illusionen, um die Illusion von Realität – und damit um die Standardisierung der Filmsprache.

Mit hell erleuchteten Portalen und gigantischen Reklametafeln luden die Kinopaläste zum Großereignis Film.

Um die Geschichten nachvollziehbar zu machen, bediente man sich zunächst Techniken, wie sie in europäischen Filmen verwendet wurden. Bis 1917, als sich die Mehrzahl der großen Studios in Hollywood niedergelassen hatte, wurden diese Techniken zu standardisierten formalen Gestaltungsprinzipien weiterentwickelt, die den klassischen Hollywood-Stil bis heute prägen. Dazu gehört, dass jeder Aspekt einer Handlung so deutlich wie möglich inszeniert wird. Einfache Ursache-Wirkungs-Ketten, psychologisch eindeutig motivierte Handlungen, gruppiert um einen zentralen glaubwürdigen Charakter sowie eindeutige Zieldefinitionen und

Konfliktlösungen gehören seither zur Grundausstattung jeder Geschichte des klassischen Hollywood-Stils.

In der Frühphase des US-amerikanischen Films herrschte das Genresystem vor. 1907 beispielsweise waren 70 Prozent aller Spielfilme Komödien. Doch Kinobetreiber stellten auch gemischte Programme aus Western, Melodramen und Aktualitäten zusammen, um breitere Kundenschichten anzulocken. Besonders so genannte Qualitätsfilme wie Literaturadaptionen, biblische Epen oder historische Filme füllten zwar nur eine Nische, waren aber für die Anerkennung des neuen Mediums Film als eigenständiger Kunstform von großer Bedeutung. Gleichzeitig trieb die Filmindustrie die Standardisierung von Erzählmustern voran, indem sie versuchte, die Gestaltungsprinzipien der Unterhaltungsliteratur, besonders der realistischen Literatur, nachzuahmen und in filmische Verfahren zu übersetzen.

Die Entwicklung des kontinuierlichen Schnitts sorgte für einen Innovationsschub, doch erst die Entwicklung von Inszenierungsregeln für realistische Darstellungen ermöglichte die Verbindung unterschiedlicher Einstellungen zu einem real wirkenden Ganzen und vermochte es, den Zuschauer trotz räumlicher und zeitlicher Sprünge durch die Geschichte zu führen. Zwischentitel dienten zum einen der zusätzlichen Orientierung des Zuschauers, zum anderen als Dialogelemente zur Vertiefung von Charaktermotivation und -entwicklung. Der Bildausschnitt wurde so gewählt, dass der Haupthandlung stets die größte Aufmerksamkeit zukam. Gleichzeitig rückte die Kamera näher an die Figuren heran und psychologisierte auf diese Weise zusätzlich das Geschehen. Die Technik des *point-of-view* war ein Mittel, den Kamerablick mit dem Blick einer der Figuren identifizierbar zu machen und auf diese Weise das Gesehene als subjektiven Blick offen zu legen. Nach und nach wurden alle filmischen Verfahren der Erzählung untergeordnet.

Der Kontrast konnte nicht größer sein: Als Dorothy in »Der Zauberer von Oz« (1939) die Tür zu ihrer Phantasiewelt öffnete, leuchteten dem Zuschauer die bezaubernden Farben des Technicolorfilms entgegen.

Vom Filmschnitt über die Bildkomposition bis zu Kostümen und Requisite: Alles diente der Verdeutlichung der Geschichte und der Eindeutigkeit ihrer Aussage. Im Wesentlichen entstanden also bereits während des Übergangs vom frühen Kurzfilm zum Hollywood-typischen Langfilm alle jene visuellen Techniken, die den Hollywood-Stil prägen. Die Einführung des Tonfilms, der

in Hollywood 1927 mit »Der Jazzsänger« ein furioses Debüt feierte, und der einen noch größeren Realismus versprach, markierte zugleich einen Quantensprung auf dem Weg zum klassischen Hollywoodkino, dessen Blüte von 1930 bis 1960 anhielt. Der ebenfalls recht früh entwickelte Farbfilm mit seinen Möglichkeiten zur natürlichen Farbwiedergabe blieb indes bis in die 1960er Jahre unbedeutend, auch wenn einige Großproduktionen wie »Der Zauberer von Oz« (1939) mit Judy Garland in der Hauptrolle die imposanten Gestaltungsmöglichkeiten der Farbe zu nutzen wussten. Die MGM-Produktion war eine Antwort auf Disneys Erfolg mit dem farbigen Animationsfilm »Schneewittchen und die sieben Zwerge« (1937).

Der erste abendfüllende Zeichentrickfilm »Schneewittchen und die sieben Zwerge« (1937) glänzte durch seine behutsame Adaption des Märchens ebenso wie durch die Verwendung einer Multiplan-Kamera, die für räumliche Effekte sorgte, und Lieder, die zu Evergreens wurden, wie »High Ho« und »Someday my Prince will come«.

Hollywoods Expansion in den internationalen Filmmarkt

Bis Anfang der 1930er Jahre konsolidierte sich die US-amerikanische Filmproduktionspraxis. Hatten vor dem ersten Weltkrieg Frankreichs, Italiens und Dänemarks Filmwirtschaft den größten Exportanteil auf dem Weltmarkt, wendete sich das Blatt nach 1914. Als die europäische Filmproduktion aufgrund des Kriegs aus dem Tritt geriet, füllten US-amerikanische Produktionen die entstandenen Lücken. Auch wenn das Ziel der US-amerikanischen Filmwirtschaft zu Beginn des 20. Jahrhunderts zunächst darin bestand, den einheimischen Markt zu konsolidieren, schuf sie durch Niederlassungen und

Mit seinem Namen verband sich für lange Zeit eine der wichtigsten Institutionen Hollywoods, mitverantwortlich für Inhalte und Inszenierung von Filmen: William H. Hays leitete das so genannte Hays Office, das die Einhaltung des selbstauferlegten Production Code überwachte.

Kooperationen in Europa die Grundlagen für ihre überaus erfolgreiche Expansionspolitik. Dabei erwies sich die Standardisierung von Geschäftspraktiken als ideale Voraussetzung. Firmenzusammenschlüsse, so genannte Trusts, sowie effektive und systematische Produktions- und Vertriebsstrukturen festigten die in den 1920er Jahren vorherrschende vertikale Integration der Filmproduktion; gleichzeitig war die Kontrolle über den Inlandsmarkt eine wesentliche Voraussetzung für den internationalen Erfolg der US-amerikanischen Filmwirtschaft. Zwischen 1916 und 1918 erlebte der europäische Filmmarkt einen Boom US-amerikanischer Filme. Firmen wie Universal, Fox, Famous Players Lasky oder Goldwyn engagierten sich nicht nur in Frankreich, Großbritannien, Italien oder Skandinavien, sondern auch in Asien, Australien, Südafrika und Südamerika. Die US-amerikanische Filmindustrie spannte ein globales Netz der Filmproduktion, das zwar regional agierte, z. B. um kulturelle Eigenheiten besser berücksichtigen zu können, dessen wirtschaftliches Zentrum allerdings in den USA lag. 1920 konnte die US-amerikanische Filmindustrie fünfmal mehr belichtetes Filmmaterial in Europa absetzen als vor dem Krieg. 35 Prozent ihrer Einnahmen wurden zu dieser Zeit außerhalb der USA erwirtschaftet. Zum Schutz ihrer Profite schlossen sich die großen Filmgesellschaften Hollywoods zu einem Verband zusammen, der Motion Picture Producers and Distributors Association of America (MPPDA), und beauftragten den Rechtsanwalt und ehemaligen Postminister William H. Hays mit der Wahrnehmung ihrer wirtschaftlichen Interessen im Ausland. Hays war von 1922 bis 1945 Präsident der MPPDA. Unterstützt von der Administration der USA gelang ihm die Stabilisierung von Hollywoods internationalem Filmgeschäft.

Deckte der Inlandsvertrieb die Kosten für die Produktion, so brachten erst die Exporterlöse Gewinn. Allerdings mussten die exportierten Filme an Geschmack und Vorlieben der Aufführungsregion angepasst werden, was oftmals durch die Besetzung von Hauptrollen mit international anerkannten Stars erfolgte. Dies führte wiederum dazu, dass Hollywood nicht nur zahlreiche ausländische Stars, sondern auch erfahrene Filmleute vom Regisseur bis zum Kameramann abwarb und so die nationalen Filmindustrien zusätzlich schwächte. Als Beispiel seien europäische Filmgrößen wie Maurice Chevalier, Charles Laughton, Marlene Dietrich oder Greta Garbo genannt. Diese erfolgreiche Strategie der an spezifische Bedürfnisse angepassten, aber begrenzt variablen Filmproduktion festigte die internationale Vorherrschaft der US-amerikanischen Produktionen nachhaltig und hat bis heute Bestand.

Daran änderten auch zahlreiche protektionistische Maßnahmen wie Zölle und Quoten auf US-Filme nichts mehr. Die weite Verbreitung US-amerikanischer Filme rief zahlreiche Kritiker auf den Plan, die in der ungehinderten Zurschaustellung US-amerikanischer Werte und Traditionen eine Gefährdung der eigenen kulturellen Identität sahen. Versuche, die einheimische Filmproduktion gegenüber der übermächtigen Konkurrenz zu stärken wie beispielsweise in Großbritannien, wo schnell und billig Filme hergestellt wurden (so genannte *quota quickies*), bewirkten eher das Gegenteil und führten zu einer Reihe qualitativ minderwertiger Produktionen.

In der Übergangsphase von den Anfängen der industriellen Filmproduktion bis zur Durchsetzung ästhetischer und ökonomischer Produktionsstandards etwa um 1930 wurden also die Grundlagen für den Erfolg Hollywoods gelegt. Darauf konnte die US-amerikanische Filmproduktion in den nächsten 30 Jahren aufbauen. Vieles von dem, was bis 1930 entwickelt und erfunden worden war, wurde erfolgreich weitergeführt und konsolidiert. Dafür erwies sich das für Hollywood typische Studiosystem lange Zeit als geeignete Infrastruktur.

Mit dem ersten deutschen Tonfilm »Der blaue Engel« (1930) wurde Marlene Dietrich zum Star. 1930 wechselte sie nach Hollywood und unterschrieb einen Vertrag bei Paramount. Nach ihrer Weigerung, in die Heimat zurückzukehren, wurden ihre Filme in Nazi-Deutschland verboten. 1939 erhielt sie die US-amerikanische Staatsbürgerschaft.

Blütezeit und Fall des Studiosystems (1930–1960)

Die Studios waren es, die die Geschichte Hollywoods prägten. Schon früh verfügten Filmfirmen in den USA über eigene Studios: Einrichtungen, in denen Filme produziert wurden. Zu Beginn des 20. Jahrhunderts hatten Firmen wie die Edison Company, American Mutoscope & Biograph und Vitagraph bereits vergeblich versucht, das Filmgeschäft durch rücksichtslose Lizenzierung von technischen Geräten an sich zu reißen. Im Unterschied zu diesen ersten Anstrengungen, den Filmmarkt zu kontrollieren, setzten die neu entstandenen Studios in Hollywood auf die Kontrolle aller wichtigen Bereiche des Filmgeschäfts, von Produktion über Vertrieb und Marketing bis zur Vorführung. Entscheidend für den Erfolg des Modells war die Strategie der Studios, neben Produktion und Vertrieb auch Kinoketten aufzubauen, in denen die eigenen Filme gewinnträchtig einem großen Publikum verkauft werden konnten. Anders als zu Beginn der Filmindustrie setzte Hollywood nicht länger auf technisches Gerät als wirtschaftliche Basis des Erfolgs. Man baute vielmehr auf die lückenlose Kontrolle aller für das Produkt Film betriebswirtschaftlich relevanten Funktionsstellen und sicherte sich mit dem Besitz eigener Vertriebsfirmen und Aufführungsstätten auch die Kontrolle über den Absatz der Produkte.

1921 stand Roscoe ›Fatty‹ Arbuckle im Zentrum des ersten großen Skandals Hollywoods, doch eine Anklage wegen Vergewaltigung und Mord konnte nicht aufrecht erhalten werden. Allerdings wurden Arbuckles Filme auf Beschluss des Hays Office bis 1932 verboten.

Die Verwertung in eigenen Kinoketten machte eine Steigerung der Produktion notwendig, was wiederum zu effizienteren Arbeitsabläufen und letztlich zur Massenproduktion von Filmen führte. In dieser Zeit entstanden die bekannten formelhaften Genre-Erzählungen etwa des Westerns, des Musicals oder des Gangsterfilms, des Melodramas, aber auch des Boxerfilms. Genres bedeuteten einen hohen Grad der Standardisierung und Normierung. Die Aufgabe der Produktion beschränkte sich häufig nur noch darauf, bekannte Schemata fantasievoll zu variieren.

Für die industrielle Filmproduktion in Hollywood war die Entwicklung eines Systems arbeitsteiliger Fertigung entscheidend, das über genügend Kapazität und

Flexibilität verfügte, um die ganze Welt mit ihren Produkten zu beliefern. Das System musste so organisiert sein, dass sich die großen Studios mit ihren Produkten nicht all zu sehr ähnelten und sich nicht gegenseitig Konkurrenz machten. Dafür sorgten neben der Entwicklung eines eigenen unverkennbaren Haus-Stils nicht zuletzt Absprachen und Monopolisierungsbestrebungen. Neben Standardisierung und Rationalisierung der Filmherstellung war es vor allem die wirtschaftliche Vormachtstellung der fünf großen Studios Famous Players Lasky (später Paramount), Loew's (MGM), Fox (später Twentieth Century-Fox), Warner Brothers und RKO, die das Studiosystem kennzeichnete und lange Zeit sicherte. Eine Mittelstellung nahmen die drei kleineren Studios Universal, Columbia und United Artists ein, während zahlreiche Kleinstproduktionen der so genannten Poverty Row die spärlichen Nischen füllten, die die Großproduktion nicht ausfüllen konnte und wollte. Obwohl das Gefälle zwischen finanzstarken und finanzschwachen Studios enorm war, waren sie aufeinander angewiesen; die kleinen Studios schlossen die Produktionslücken der größeren und diese waren zugleich Existenzgrundlage der kleineren, weil sie Vertrieb und Vorführung der Produkte regelten. So entstand in Hollywood mit dem Studiosystem eine komplexe industrielle Infrastruktur der Filmproduktion.

Major Studios: Die Big Five

Paramount

Die Paramount Pictures Corporation wurde 1914 von William W. Hodkinson als erste ausschließlich auf den Vertrieb von Spielfilmen spezialisierte Vertriebsfirma gegründet. Paramount hatte unter anderem die Filme von Adolph Zukors Famous Players, Jesse L. Laskys Feature Play Company sowie anderer Produzenten im Programm. 1916 kauften Zukor und Lasky, die ihre Firmen inzwischen zu Famous Players Lasky zusammengeschlossen hatten, Paramount

Firmenlogo der Paramount nach der Übernahme durch Viacom 1994.

Der erfolgreiche Komödienregisseur Ernst Lubitsch bekam 1923 das Angebot, bei dem Film »Rosita« (1923) mit Mary Pickford in der Hauptrolle Regie zu führen. Sein Erfolg in Hollywood animierte zahlreiche deutschsprachige Filmleute, ihm zu folgen.

kurzerhand auf und verfügten damit als erste über einen firmeneigenen Vertrieb. Paramount wurde rasch bekannt für seine Stars Mary Pickford, Fatty Arbuckle, Gloria Swanson, Clara Bow und Rudolph Valentino.

Zu den anfänglichen Erfolgen zählten große Western wie »The Covered Wagon« (1923) oder das Bibelepos »Die zehn Gebote« (1923 und 1956), bei dem Cecil B. DeMille Regie führte.

In den 1920er und 1930er Jahren verpflichtete Famous Players Lasky/Paramount weitere Stars: Claudette Colbert, Carole Lombard, Marlene Dietrich, Mae West, Gary Cooper, Maurice Chevalier, W. C. Fields und Bing Crosby sowie die Regisseure Ernst Lubitsch, Josef

von Sternberg und Rouben Mamoulian. Obwohl Paramount in dieser Zeit künstlerisch und finanziell erfolgreiche Filme produzierte, machte die angegliederte Kinokette während der Übergangsphase zum Tonfilm Verluste. Wie allen Studios brachte die Depression Paramount große wirtschaftliche Schwierigkeiten. Immer weniger Zuschauer konnten sich den Kinobesuch leisten, so dass die Kredite für die neu erworbenen Kinos nicht bezahlt werden konnten. 1933 meldete das Studio sogar Konkurs an. Aufgrund gerichtlicher Verfügungen wurde Paramount bis 1935 reorganisiert, produzierte während dieser zwei Jahre auch Filme, mit denen das Studio aber keinen Gewinn machen konnte. Die umstrukturierte Paramount Pictures Inc. wurde erst unter ihrem neuen Präsidenten Barney Balaban wieder ein profitables Unternehmen.

Nachdem Cecil B. DeMille mit freizügigen Filmen Anstoß erregt hatte, drehte er Epen wie »Die zehn Gebote« (1923), in deren Zentrum religiöse Themen standen.

Zu Beginn der 1930er Jahre war Paramount bekannt für seinen europäisch geprägten Stil. In dieser Zeit machte Josef von Sternberg eine Reihe von Filmen mit

Marlene Dietrich (u. a. »Blonde Venus« 1932, »Die schar-
lachrote Kaiserin« 1934, »Der Teufel ist eine Frau« 1935)
und Ernst Lubitsch drehte seine scharfsinnigen Komödien (u. a. »Engel« 1937, »Blaubarts achte Frau« 1938).
Der für raffinierte Musikkomödien bekannte französische Schauspieler Maurice Chevalier (u. a. »The Love
Parade« 1930, »Eine Stunde mit dir« 1932, »Schönste,
liebe mich« 1932, »Die lustige Witwe« 1934), war einer
der Stars in Paramounts Ensemble. Ein anderer Star war

Joseph von Sternberg, der Marlene Dietrichs Filmruhm in Deutschland begründete, drehte auch in Hollywood zahlreiche Filme mit der Diva, in denen sie ihr Image als Femme fatale festigte, wie in »Marokko« von 1930.

Mae West (u. a. »Night After Night« 1932, »Sie tat ihm
unrecht« 1933, »Ich bin kein Engel« 1933, »Die Schöne
der neunziger Jahre« 1934, »Klondike Annie« 1936).
Ihre Mischung aus freizügiger Sinnlichkeit, gelassen-
majestätischen Posen, sarkastischem Wortwitz und
sexuell anspielungsreichen Dialogen machte sie zu einer
Sex-Ikone Hollywoods, aber auch zu einem Stein des
Anstoßes in den öffentlichen Diskussionen um den
Verfall der Moral in Hollywoods Filmen.

Hollywood hätte es wissen können: Mae Wests erstes selbstgeschriebenes, -produziertes und -gespieltes Broadway-Musical hieß »Sex« (1926). Es wurde ein sensationeller Erfolg, aber es brachte ihr eine mehrtägige Gefängnisstrafe für moralische Verwerflichkeit ein.

Der Erfolg von Paramounts Komödien resultierte in
nicht geringem Maße aus dem Engagement vieler *comedi-
ans* von Hörfunk und Vaudeville. Die als Marx Brothers
bekannt gewordenen Chico, Harpo, Groucho und Zeppo
Marx produzierten ihre ersten, eigenwilligen Filme bei
der Paramount, darunter »Die Marx Brothers im Krieg«
(1933). Mitte der 1930er Jahre wendete sich Paramount
mit der Hilfe von Sänger und Songwriter Bing Crosby
(»Mississippi« 1935), Entertainer und Radio-Comedian

Der anarchische Humor der Marx Brothers richtete sich zumeist gegen die gesellschaftliche Oberschicht und die herrschende Ordnung.

Bob Hope (»The Big Broadcast of 1938« 1938) sowie Filmbösewicht-Darsteller Alan Ladd (»Die Narbenhand« 1942) mehr amerikanischen Traditionen zu. Während des Zweiten Weltkriegs schrieben Regisseure wie Preston Sturges mit satirischen Komödien (u. a. »Die Falschspielerin« 1941, »Sullivans Reisen« 1942, »Der Weg zum Glück« 1944) und Cecil B. De Mille mit kostenintensiven Historienfilmen (»Union Pacific« 1939, »Piraten im karibischen Meer« 1942, »Die Unbesiegten« 1947, »Die zehn Gebote« 1923 und dessen Remake 1956) die Erfolgsgeschichte der Paramount fort. Billy Wilders zynische Dramen und Komödien entstanden in dieser Zeit (»Frau ohne Gewissen« 1944, »Boulevard der Dämmerung« 1950) und die »Road-to-«-Komödienreihe von Bob Hope, Bing Crosby und Dorothy Lamour (z. B. »Der Weg nach Sansibar« 1941, »Der Weg nach Rio« 1947) feierten Erfolge. Auch Alfred Hitchcocks »Das Fenster zum Hof« (1954) entstand bei Paramount.

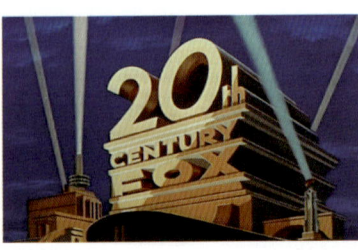

Das berühmte Firmenlogo der Twentieth Century-Fox mit seinen monumentalen Lettern und sich bewegenden Scheinwerfern ziert immer noch jeden Filmvorspann.

Twentieth Century Fox

1935 entstand Twentieth Century Fox aus der Fusion von Twentieth Century Pictures und Fox Film Corporation. Die Fox Film war dem breiteren Publikum durch die Schauspielerin Theda Bara bekannt. Sie machte in der Rolle eines weiblichen Vampirs in dem überaus erfolgreichen Drama »A Fool There Was« (1915) die Figur des Vamp (Abk. für Vampir) weltberühmt. Ihr Spruch »Kiss me, my fool!« und ihre Rollen als Verführerin ahnungsloser Männer markierten den Beginn der Erfolgsgeschichte des Vamp, einer Frauenfigur, die die sexuellen

Energien ehrbarer Männer im übertragenen Sinne ›aussaugt‹ und sie zu Untertanen ihrer Begierden macht. Theda Bara war zugleich die erste Schauspielerin, die mit Werbestrategien zum Leinwandstar aufgebaut wurde. Sie spielte die Hauptrolle in dem großen *box-office*-Erfolg »Cleopatra« (1917). Fox war auch eine der ersten Firmen, die mit Friedrich Wilhelm Murnau einen deutschen Regisseur unter Vertrag hatte (»Sunrise«, 1927). 1927 sicherte sich die Fox Film das Patent auf das Tonaufzeichnungsverfahren Movietone und brachte nur wenig später die ersten vertonten Wochenschauen heraus, die Fox Movietone News.

Die raffinierten Filme mit Theda Bara brachten das Thema Sex in Mode und machten die Schauspielerin zu einem internationalen Symbol für sexuelle Emanzipation.

Der Fox Film erging es in der Depressionszeit kaum besser als den anderen Studios. Gerade als sie beabsichtigte, den Konkurrenten Loew's/MGM zu übernehmen, führten der Börsencrash und enorme Schulden, die sich während des Umzugs nach Hollywood angehäuft hatten, die Firma in den Ruin. William Fox verließ die Firma; ihr Wert schrumpfte innerhalb weniger Tage dramatisch. Bis 1935, als Twentieth Century Pictures die Fox übernahm, kämpfte das Studio gegen den Konkurs.

Twentieth Century Pictures wurde erst 1933 von Joseph Schenck und Darryl F. Zanuck gegründet, nachdem Zanuck seinen Posten als Produktionschef bei Warner Brothers aufgegeben hatte. Nach der Übernahme nannte sich die neue Firma Twentieth Century-Fox. Bis heute ist ihre imposante Fanfare zu Beginn jeden Films mit den sich bewegenden Suchscheinwerfern, der monumentalen Pyramide und dem futuristischen Schriftzug ihr Markenzeichen.

Der für seinen beweglichen Kamerastil und seine subjektive Erzählweise berühmt gewordene deutsche Regisseur Friedrich Wilhelm Murnau (rechts) drehte 1927 seinen ersten Hollywood-Film »Sunrise« für William Fox' Film Corporation.

In den späten 1930er und in den 1940er Jahren produzierte Twentieth Century-Fox hauptsächlich Western, Musicals, biografische Filme und biblische Epen. Mit dem Regisseur John Ford feierte sie erste große Erfolge, darunter »Früchte des Zorns« (1940). Der Kinderstar Shirley Temple (»Rekrut Willie Winkie« 1937) und Musical-Star Betty Grable (»Wie angelt man sich einen Millionär?« 1953) sorgten für hohe

Auch Fotojournalismus und Regenbogenpresse profitierten von Hollywoods Glamour.

In den 1950er Jahren wurde das Genre des biblischen Epos wiederentdeckt. Für große Menschenversammlungen, gewaltige Schlachten und grandiose Kulissen wie in »Das Gewand« (1953) erwies sich CinemaScope als ideales Filmformat.

Einnahmen. Daneben entstanden bedeutende Sozialdramen wie »Tabu der Gerechten« (1947) und »Die Schlangengrube« (1948). 1953 führte Twentieth Century-Fox das neue Breitwandformat CinemaScope ein. Das opulente CinemaScope-Bild war zweieinhalb Mal so breit wie hoch. Der erste Film in diesem Format, »Das Gewand« (1953), läutete einen allgemeinen Trend zu Breitwandfilmen ein und bescherte der Filmindustrie in der Krisenphase der 1960er Jahre einige große Erfolge. Bei der Twentieth Century-Fox begann in den 1950er Jahren die Karriere von Marilyn Monroe (»Niagara« 1953). In dieser Zeit brachte Twentieth Century-Fox auch eine Reihe erfolgreicher Musicals in die Kinos, darunter »Der König und ich« (1956) und »South Pacific« (1958). 1963 fiel das teure Remake von »Cleopatra« (1963) mit Elizabeth Taylor in der Hauptrolle an der Kinokasse durch. Die deswegen in große finanzielle Schwierigkeiten geratene Twentieth Century Fox holte daraufhin den seit 1956 unabhängig arbeitenden Produzenten Daryll F. Zanuck aufgrund seines Erfolges mit dem Weltkriegsepos »Der längste Tag« (1962) zurück in die Firmenleitung. Unter seiner Führung gelang mit dem Musical »Meine Lieder – meine Träume« (1965) schließlich erneut ein großer Publikumserfolg.

Warner Brothers

Die Karriere der vier Warner Brüder
begann mit mobilen Filmvorführungen. 1903 begannen sie damit, Filmtheater zu kaufen und schließlich
auch Filme zu vertreiben. 1913 nahmen sie die Produktion eigener Filme
auf. 1917 verlagerten sie ihre Produk-

tion nach Hollywood und nannten die Firma 1923
Warner Brothers Pictures Inc. Der älteste der Brüder,
Harry Warner, leitete als Präsident die Zentrale in New
York, während Albert die Finanzen verwaltete und
Verkauf und Vertrieb der Filme organisierte. Jack
Warner leitete als verantwortlicher Produktionsleiter
(executive producer) das Studio in Hollywood.

Firmenlogo der Warner
Brothers seit der spek-
takulären Fusion mit
Time Inc. 1989.

Als die Gesellschaft Mitte der 1920er Jahre in finanzielle Schwierigkeiten geriet, überredete Sam Warner,
Generaldirektor des Studios in Hollywood, seine Brüder,
sich gemeinsam mit Western Electric, einer Tochterfirma von AT&T, an der Entwicklung und Patentierung des
neuentwickelten Tonaufzeichnungs- und Wiedergabe-
verfahrens Vitaphone zu beteiligen. Damit wurden erstmals in der Filmgeschichte so genannte *talkies,* also
Filme mit Musik und lippensynchronem Ton, möglich.
Während Warners »Don Juan« (1926) noch lediglich
mit nachvertonter Eröffnungsmusik begann, mischte
der teilvertonte »Der Jazzsänger« (1927) erstmals in
der Filmgeschichte Musik und Dialog. 1928 folgte »Die
Docks von New York«, der erste
Film, der über die gesamte
Länge vertont war. Doch damit
nicht genug: Warner brachte
1929 mit »On with the Show«
auch den ersten komplett vertonten Farbfilm auf den Markt.
Der überwältigende Erfolg ih-
rer Tonfilme machte Warner
Brothers endgültig zu einem
Major-Studio Hollywoods. Im
Jahr 1930 produzierte Warner

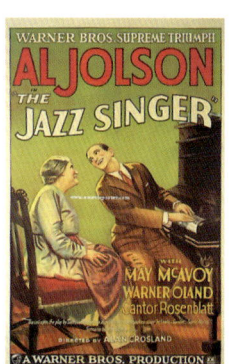

Mit den Worten »Hey,
Mom, listen to this«
sprach Al Jolson am
23. Oktober 1927 in
der Rolle des Sängers
Jack Robin in »Der Jazz-
sänger« vor restlos be-
geistertem Publikum die
ersten Worte in einem
Hollywood-Tonfilm.

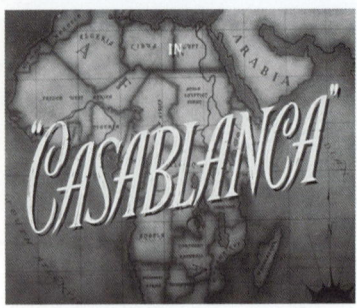

Das spannende Melodram mit zeitgeschichtlichem Hintergrund »Casablanca« (1942) wurde nicht zuletzt Dank seiner Hauptakteure Humphrey Bogart und Ingrid Bergman zum Kultfilm. Die deutsche Synchronisation der 1950er Jahre hatte in einer gekürzten Fassung alle politischen Anspielungen konsequent entfernt.

Brothers 100 Filme jährlich und kontrollierte 360 Filmtheater in den USA und 400 im Ausland.

Die Depressionszeit meisterte Warner Brothers erfolgreich durch den Verkauf von Eigentum, durch Kostensenkungen und Einsparungen. Schauspieler wurden in mehreren Filmen und Genres eingesetzt, Produktionskosten wurden knapp kalkuliert, man produzierte überwiegend im Low-budget-Bereich, dafür aber mit technischer Perfektion, und einmal erfolgreiche Plots wurden mehrfach wiederverwendet. Daher rührte der Spitzname der Drehbuchabteilung, *echo chamber*.

Warner setzte auf wenige Genres und beutete diese regelrecht aus. In den frühen 1930er Jahren lösten Warners Produktionen »Der kleine Caesar« (1930), »Der öffentliche Feind« (1931) und »Scarface« (1932) eine regelrechte Gangsterfilm-Euphorie aus. Die Verpflichtung von Schauspielern wie Edward G. Robinson, James Cagney und Paul Muni in Gangsterrollen und Regiegrößen wie Howard Hawks, Michael Curtiz oder John Huston zahlte sich in künstlerischer und wirtschaftlicher Hinsicht aus.

In den 1930er Jahren produzierte Warner außerdem die berühmten extravaganten Musicals von Busby Berkeley (u. a. »Goldgräber von 1933«, »Parade im Rampenlicht«, »Die 42. Straße«, alle 1933), tollkühne Abenteuerfilme mit Errol Flynn, Problemfilme sowie Dramen

Der Horrorfilm »Der Exorzist« sorgte 1973 für einen Eklat. Die katholische Kirche bezichtigte den Film der Blasphemie – er schockierte mit einer Mischung aus religiösen Riten und drastischen, ekelerregenden Effekten.

mit Schauspielern wie Bette Davis, Humphrey Bogart oder John Garfield. Zu den bekanntesten Filmen von Warner Brothers gehörten in den 1940er und 1950er Jahren »Die Spur des Falken« (1941), »Casablanca« (1942) und »Endstation Sehnsucht« (1951). Auch spätere Produktionen der Warner Brothers gingen in die Filmgeschichte ein, darunter »My Fair Lady« (1964), »Bonnie und Clyde« (1967) und »Der Exorzist« (1973).

RKO

Radio Keith Orpheum (RKO) war das einzige Studio in Hollywood, dass seine Wurzeln nicht in New York hatte. Nachdem die Radio Corporation of America (RCA) die Filmindustrie nicht von seinem selbstentwickelten Soundsystem überzeugen konnte, gründete sie 1928 zusammen mit

der Filmtheaterkette Keith-Albee-Orpheum und der US-amerikanischen Produktionsabteilung der französischen Pathé kurzerhand die RKO. Während der 25 Jahre seines Bestehens kämpfte das Studio allerdings durchweg mit Finanzproblemen. 1933 meldete RKO Konkurs an und wurde erst nach 1940 wieder erfolgreich, wofür insbesondere die wirtschaftliche Blüte der Filmindustrie während des Zweiten Weltkriegs ausschlaggebend war.

Dieses RKO-Logo zierte den Vorspann des Filmklassikers »Citizen Kane« (1941) von Orson Welles.

In den 1930er Jahren kamen die Haupteinnahmen der RKO durch die berühmten Musicals mit Fred Astaire und Ginger Rogers (u. a. »Top Hat – ich tanz mich in dein Herz hinein« 1935, »Swing Time« 1936, »Tanz mit mir« 1937, »Sorgenfrei durch Dr. Flagg« 1938) zustande. Katherine Hepburn (»Leoparden küsst man nicht« 1938) begann ihre Karriere bei der RKO. Weitere bekannte Produktionen waren die Literaturverfilmung »Cimarron« (1931), der Monsterfilm »King Kong und die weiße Frau« (1933), John Fords »Der Verräter«

»King Kong und die weiße Frau« (1932) war einer der ersten Monsterfilme. Seine aufwändige Stop-Motion-Tricktechnik setzte Maßstäbe für das Genre.

»Citizen Kane« (1941) spielte angeblich auf das Leben des einfluss-reichen Zeitungstycoons William Randolph Hearst an, der vergeblich versuchte, den Film zu verbieten. Neben Orson Welles stellte besonders Kameramann Gregg Toland seine Kunstfertigkeit unter Beweis.

(1935) oder Orson Welles' »Citizen Kane« (1941), ein Meilenstein der Filmgeschichte, der allerdings kaum Gewinne einspielte. Jacques Tourneur (»Katzenmenschen« 1942, »Ich folgte einem Zombie« 1943) und Alfred Hitchcock (»Verdacht« 1941, »Berüchtigt« 1946) führten Regie bei bekannten Psychothrillern. Die B-Abteilung der RKO produzierte unter der Leitung von Val Lewton einige der kreativsten Low-budget-Filme der Studio-Ära. Geringe Gewinne erzielte RKO mit dem Vertrieb von Animationsfilmen der unabhängigen Produktionsfirma von Walt Disney.

1948 kaufte der Geschäftsmann und Produzent Howard Hughes die RKO. Seine Unachtsamkeit und zunehmende Nachlässigkeit führten das Studio schließlich in den Ruin. 1953 wurde die Produktion eingestellt, die Einrichtungen 1957 an die Desilu Productions verkauft. Nach zahlreichen Umstrukturierungen wurde die Firma unter dem Namen RKO General Inc. fortgeführt, kümmerte sich aber nur noch um Radio- und Fernsehstationen, Theater und angegliederte Unternehmen.

Okkultismus und Parapsychologie waren populäre Filmthemen der 1940er Jahre und des Horrorfilms im Allgemeinen. Die subtile und atmosphärisch dichte Inszenierung von »Ich folgte einem Zombie« (1943) war richtungsweisend.

Loew's/MGM

Loew's Filmgesellschaft entstand 1920 nach der Übernahme der Produktionsfirma Metro Pictures durch den Kinobetreiber und Verleiher Marcus Loew. Vier Jahre später übernahm Loew's die Goldwyn Pictures Corporation, nachdem Samuel Goldwyn von seinem Chefposten zurückgetreten war. Auch Samuel Goldwyn war kein Unbekannter in der Filmindustrie: Zusammen mit seinem Schwager, dem Vaudeville-Produzenten Jesse Lasky, hatte er die Jesse Lasky Feature Play Company gegründet, die 1917 mit Adolph Zukors Famous Players Film Company zur Famous Players Lasky Company fusionierte, deren Vorstandsvorsitzender Goldwyn wurde. Im selben Jahr gründete er seine Goldwyn Pictures. 1925 stieß Louis B. Mayers gleichnamige Filmproduktionsfirma zu Loew's Konsortium, dass sich schließlich in Metro Goldwyn Mayer (MGM) umbenannte.

Der brüllende Löwe ist unverändert das berühmte Markenzeichen von MGM.

Louis B. Mayer wurde Chef des neuen Filmstudios und der junge Produzent Irving Thalberg bekam das Recht zum letzten Schnitt bei jedem MGM-Film. Die Studiopolitik bestand vor allem darin, mit kapitalintensiven Prestigefilmen zum Marktführer zu werden, wobei MGM andererseits auch ungezählte B-Filme produzierte. Während etwa Paramount und Twentieth Century Fox im Schnitt 400.000 Dollar pro A-Spielfilm investierten, lagen MGMs durchschnittliche Kosten für einen Film bei 500.000 Dollar. (Siehe auch »A- und B-Filme«, S.50) Der MGM-Look zeichnete sich vor allem durch die im Vergleich mit Großproduktionen anderer Studios großzügigeren und helleren Sets aus. MGM rühmte sich auch, die meisten Stars unter Vertrag zu haben.

Das Studio produzierte Erfolgsfilme wie »Menschen im Hotel« (1932), »David Copperfield« (1935), »Die gute Erde« (1937), »Die Frauen« (1939), »Die Nacht vor der Hochzeit« (1940), »Mrs. Miniver« (1942), »Das Haus der Lady Alquist« (1944) und »Asphalt Dschungel« (1950). Bei MGM entstanden auch große

Der legendäre Kassenerfolg »Vom Winde verweht« (1939) wurde vor allem durch die schauspielerischen Leistungen von Vivien Leigh und Clark Gable sowie durch die mitreißende Schilderung menschlicher Schicksale während des US-amerikanischen Bürgerkrieges getragen.

Leinwandepen wie die beiden »Meuterei auf der Bounty«-Filme (1935, 1962) und beide »Ben-Hur«-Verfilmungen (1925, 1959). MGM finanzierte und vertrieb »Vom Winde verweht« (1939) des Produzenten David O. Selznick. Darüber hinaus entstanden erfolgreiche TV-Serien wie »Dünner Mann«, »Dr. Kildare« oder »Lassie«. Besonders gerühmt wurde MGM für seine verschwenderischen Musicals wie »Der Zauberer von Oz« (1939), »Mädchen im Rampenlicht« (1941), »Meet Me in St. Louis« (1944), »Ein Amerikaner in Paris« (1951), »Du sollst mein Glücksstern sein« (1952), »Vorhang auf« (1953), »Küss mich, Kätchen!« (1953) oder »Gigi« (1958).

MGM war das weltgrößte und profitabelste Filmstudio und hatte seine erfolgreichste Zeit in den 1940er und 1950er Jahren. In dieser Zeit hatte es einige der berühmtesten Schauspieler unter Vertrag: Greta Garbo, John Gilbert, Lon Chaney, Norma Shearer, Joan Crawford, Clark Gable, Jean Harlow, William Powell, Myrna Loy, Katherine Hepburn, Spencer Tracy, Judy Garland, Mickey Rooney, Elizabeth Taylor, Gene Kelly und Greer Garson. Bedeutende Regisseure wie Vincente Minnelli und George Cukor festigten MGMs Ruf als nobles Studio. Nach 1950 verlor MGM an Bedeutung. Nach Umstrukturierungen im Management Anfang der 1960er Jahre produzierte MGM nur noch wenige prestigeträchtige Filme, darunter »Doktor Schiwago« (1965) und Stanley Kubricks »2001: Odyssee im Weltraum« (1968).

»2001 – Odyssee im Weltraum« (1968) von Stanley Kubrick hob das Science-Fiction-Genre durch seine atemberaubende Bildersprache auf ein neues Niveau.

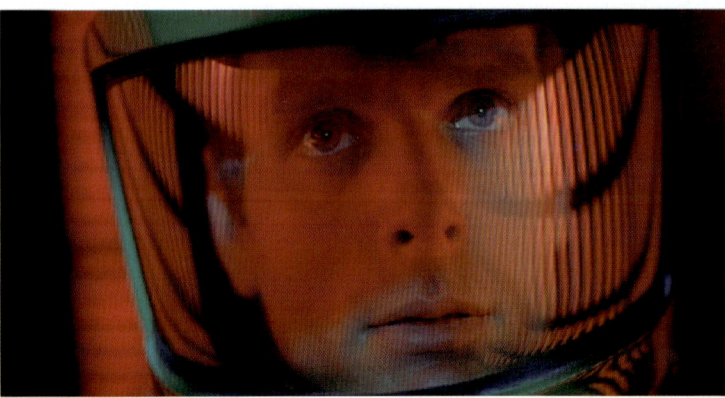

Die Little Three
United Artists

United Artists war einer der bedeutendsten Investoren und Vertreiber unabhängig produzierter Filme. Die Firma wurde 1919 von den berühmten Filmstars Charles Chaplin, Mary Pickford und ihrem Ehemann Douglas Fairbanks sowie einem der

Pioniere in der Entwicklung der Erzähltechnik, David W. Griffith, gegründet. Als führende Filmemacher ihrer Zeit wollten sie mit der Firmengründung ihre Unabhängigkeit bei Produktion und Vertrieb wahren. Insbesondere die restriktiven Verträge mit den großen Studios waren den Filmkünstlern ein Dorn im Auge. Aber auch unterschiedliche Interessenlagen im Hinblick auf künstlerische und ökonomische Möglichkeiten des jungen Mediums Film spielten eine wichtige Rolle bei der Gründung von United Artists. Die Firma vertrieb neben eigenen Filmen auch hochwertige Filme anderer unabhängiger Produzenten. United Artists war die erste große Produktionsfirma, die vom eigenen künstlerischen Personal kontrolliert wurde anstatt von profitorientierten Geschäftsleuten.

Neben Filmen von und mit den Haupteigentümern (»Lichter der Großstadt« 1931, »Moderne Zeiten« 1936, »Der große Diktator« 1940) hatte United Artists in den 1930er Jahren Erfolg mit Filmen, in denen Gloria Swanson, Norma Talmadge, Buster Keaton und Rudolph Valentino spielten. Die Herausforderung des Tonfilms meisterte United Artists mit Hilfe talentierter Produzenten wie Samuel Goldwyn, Howard Hughes und Alexander Korda. Dennoch geriet auch United Artists in finanzielle Schwierigkeiten und wurde 1951 umstrukturiert. Das Produktionsstudio wurde verkauft und United Artists konzentrierte sich auf Finanzierung und den Vertrieb von Filmen. Mitte der 1950er Jahre war die Firma durchaus konkurrenzfähig mit den großen Studios. Filme wie »African Queen« (1951),

Das ehemals unabhängige Studio United Artists ging Anfang der 1980er Jahre in den Besitz von MGM über.

Der aus der ehemaligen Tschechoslowakei emigrierte Milos Forman führte Regie bei dem mit fünf Oscars bedachten Publikumshit »Einer flog über das Kuckucksnest« (1975) über einen gesellschaftlichen Außenseiter (gespielt von Jack Nicholson), der in einer psychiatrischen Anstalt landet.

»Zwölf Uhr mittags« (1952), »Marty« (1955), »Zeugin der Anklage« (1957), »Manche mögen's heiß« (1959), »Das Appartement« (1960), »Die glorreichen Sieben« (1960) und »West Side Story« (1961) brachten die nötigen Gewinne. Später hatte United Artists dann Erfolge mit »James Bond«-Filmen, der Reihe »Der rosarote Panther« und mit »Einer flog über das Kuckucksnest« (1975) sowie »Rocky« (1976). Heute gehört United Artists zu MGM.

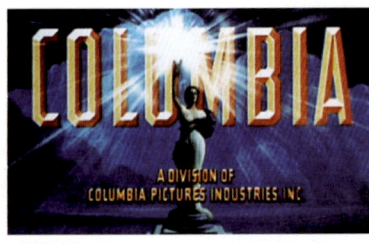

Logo der Columbia Pictures in den 1970er Jahren.

Columbia

Columbia entstand 1920, als Harry Cohn, Joe Brandt und Jack Cohn die C.B.C. Sales Film Corporation gründeten, um Kurzfilme, Low-budget-Western und Komödien zu produzieren. Die Umbenennung 1924 in Columbia sollte der C.B.C. Sales Film Corporation einen besseren Ruf verschaffen. Harry Cohn war die treibende Kraft innerhalb der Firma. Sein Ziel bestand darin, Columbia auf eine Stufe mit den großen Studios zu stellen. Der Durchbruch gelang in den späten 1920er Jahren, als Columbia den Regisseur Frank Capra für Komödien engagierte. Unter seiner Regie entstand 1934 auch der mit einem Oscar bedachte Kassenerfolg »Es geschah in einer Nacht« mit Clark Gable und Claudette Colbert. Außerdem drehte Capra die Komödien »Mr. Deeds geht in die Stadt« (1936) und »Mr. Smith geht nach Washington« (1939). Howard Hawks führte zu dieser Zeit Regie bei zwei seiner besten *screwball comedies* für Columbia: »Napoleon vom Broadway« (1934) und »Sein Mädchen für besondere Fälle« (1940).

Nachdem Capra 1939 Columbia verlassen hatte, ließ der Erfolg des Studios langsam nach. Weitere Regisseure trennten sich wegen der schwierigen Zusammenarbeit mit Studioboss Cohn von Columbia. Erst in den 1950ern konnte Columbia an die Erfolge der 1930er Jahre anschließen, mit unabhängigen Produzenten und Regisseuren wie Elia Kazan, David Lean, Joseph Losey, Otto Preminger, Robert Rossen, oder Fred Zinnemann und Filmen wie »Der Mann, der herrschen wollte« (1949), »Die ist nicht von gestern« (1950), »M« (1951, Loseys Remake von Fritz Langs Klassiker von 1931), »Verdammt in alle Ewigkeit« (1953), »Die Faust im Nacken« (1954), »Die Caine war ihr Schicksal« (1954), »Die Brücke am Kwai« (1957), »Anatomie eines Mordes« (1959), »Lawrence von Arabien« (1962) oder »Ein Mann zu jeder Jahreszeit« (1966).

Während des Zweiten Weltkriegs produzierte der Patriot Frank Capra eine Dokumentationsreihe für die US-Armee mit dem Titel »Why We Fight«.

Universal

In den 1920er und 1930er Jahren wurde Universal vor allem durch seine Serien und populären Horrorfilme bekannt. Gegründet wurde das Studio 1912 von dem Kinobesitzer und späteren Filmproduzenten Carl Laemmle. Hier entstanden viele Filme des deutschen Regisseurs Erich von Stroheim, einem Pionier des realistischen Erzählens. Nach der Verleihung eines Oscars für »Im Westen nichts Neues« (1930) wurden insbesondere die mit geringem Budget hergestellten Horrorfilme »Frankenstein« (1931) und »Dracula« (1931) zu Aushängeschildern des Studios. Kommerziell erfolgreich war Universal erst wieder in den 1960er Jahren mit Komödien, in denen die Schauspieler Rock Hudson und Doris Day brillierten.

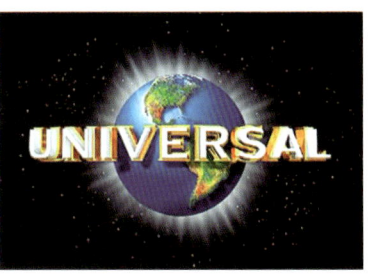

Logo der Universal Film Studios.

Die Poverty Row

Neben den Big Five und den Little Three gab es im Hollywood der 1930er und 1940er Jahre auch eine Reihe kleiner Studios, die über keinen eigenen Verleih und keine eigenen Abspielstätten verfügten. Die so genannte Poverty Row füllte die Nischen, die die großen Studios hinterließen.

Die Studios entstanden infolge der drastisch gestiegenen Nachfrage nach schnell und günstig produzierten Filmen (B-Filmen) in den 1930er Jahren. Dafür hatte das *double-bill*-Verkaufssystem der Kinos gesorgt, bei dem der Zuschauer zwei Filme nacheinander *(double feature)* – zumeist einen teuren A-Film und danach einen kostengünstigen B-Film (vgl. »A- und B-Filme«, S. 52) – zum Preis von nur einer Eintrittskarte sehen konnte. Zu den bekannteren Studios zählten Monogram, Republic, Mascot, Grand National und PRC.

Zusammen mit Frankenstein-Darsteller Boris Karloff wurde Bela Lugosi als Dracula zur Ikone des Horrorfilm-Genres. In den 1940er Jahren begann Lugosis Abstieg in Armut und Vergessenheit. Begraben wurde Lugosi auf eigenen Wunsch in seinem berühmten schwarzen Dracula-Gewand.

Republic

Logo des Filmstudios Republic.

Republic Pictures war die Erfindung des Filmproduzenten Herbert Yates und entstand aus dem Zusammenschluss der Studios Consolidated Film Industries, Mascot, Monogram und Liberty. Die ersten Produkte von Republic waren billig und schnell hergestellt und trugen die Handschrift der Mascot Studios. Sie kamen Ende 1935 auf den Markt. Obwohl Republic vornehmlich B-Filme produzierte, hatte das Studio einen guten Ruf, einzelne Filme wurden sogar für den Oscar nominiert. Im Laufe der Zeit wuchs Republic auf eine beachtliche Größe; es hatte die bekanntesten

Cowboy-, Bösewicht- und Charakterdarsteller unter Vertrag. Dazu gehörten unter anderem John Wayne (»Rio Grande« 1950), Joan Crawford (»Johnny Guitar – Wenn Frauen hassen« 1954), Sterling Hayden (»The Eternal Sea« 1955) und John Abbott (»The Vampire's Ghost« 1945). Eine Zeitlang war Republic führend bei der Produktion von Serien und Western. In den frühen 1950er Jahren wendete es sich dem nun aufblühenden Fernsehgeschäft zu.

Monogram

Monogram Pictures war berühmt für seine Action- und Abenteuerfilme. Gegründet Anfang der 1930er Jahre, produzierte Monogram zahlreiche Low-budget-Filme sowie Melodramen, Mystery- und Historienfilme. Monogram vertrieb auch die Western der unabhängigen Produktionsfirma Lone Star.

Logo des Filmstudios Monogram.

1935 schloss sich Monogram vorübergehend mit anderen unabhängigen Firmen zu Republic Pictures zusammen. Doch nach Differenzen innerhalb des neuen Studios zogen sich Monograms Produzenten W. Ray Johnston und Trem Carr wieder aus Republic zurück und führten ihre Monogram Pictures erfolgreich alleine weiter.

Zu den Stars von Monogram Pictures gehörten Preston Foster (»Sensation Hunters« 1933), Randolf Scott (»Broken Dreams« 1933), Lionel Atwill (»The Sphinx« 1933) und John Wayne (»Riders of Destiny« 1933). 1946 beabsichtigte Monogram den Einstieg in das Geschäft mit größeren und prestigeträchtigeren Filmen und gründete zu diesem Zweck eine eigene Produktionsabteilung, die Allied Artist. 1953 nannte sich die gesamte Firma schließlich um in Allied Artist.

Monogram war der führende Produzent von Filmserien wie »Charlie Chan«, »The Range Busters«, »The Rough Riders«, »The East Side Kids« oder »Bowery Boys«. Im Gegensatz zu vielen Konkurrenten war Monogram eine finanziell prosperierende Firma.

Logo des Filmstudios Grand National.

Grand National

Finanziell gut ausgestattet trat das von Edward Alperson 1936 neugegründete Filmstudio Grand National an, um den großen Studios Konkurrenz zu machen. Es verfügte über ein sehr großes, eigenes Studio mit prominenten Produzenten wie George Hirliman, Zion Meyers und Douglas MacLean.

Grand National hatte mit dem auf Westernrollen spezialisierten Schauspieler und Country- und Folksänger Tex Ritter einen so genannten *singing cowboy* unter Vertrag, der großen Erfolg mit gut produzierten B-Western feierte (»Song Of The Gringo« 1936).

Mitte der 1930er Jahre stieß der Schauspieler James Cagney, der sich mit Warner überworfen hatte, zu Grand National, und das Studio profitierte sofort von Cagneys Ruhm (»Great Guy« 1937). Der Film »Musik in den Fäusten« (1937) mit Cagney in der Hauptrolle war eine der größten Produktionen der Grand National und zugleich ihr Ruin. Der Film spielte die hohen Produktionskosten von einer Millionen Dollar bei weitem nicht ein. Alle Anstrengungen des Studios, die Verluste wettzumachen, scheiterten. 1939 trat Edward Alperson zurück und kurz darauf meldete Grand National Konkurs an.

Logo des Filmstudios PRC.

PRC

1940 entstand aus den beiden Vertriebsfirmen Producer's Distributing Company (PDC) und Producer's Pictures Corporation (PPC) die Producer's Releasing Corporation (PRC) mit dem Ziel, die die Lücke zu schließen, welche die untergegangenen B-Film-Studios in der Branche hinterlassen hatten, insbesondere Grand National.

PRC produzierte Serien wie »Billy The Kid« mit den Schauspielern Bob Steele und später Buster Crabbe.

Das Studio fertigte durchaus hochwertige Filme an, legte sich dabei aber nicht so sehr auf Genres fest wie andere. Das Repertoire reichte von Western über Horror- und Actionfilme bis zu Melodramen. Mit »The Enchanted Forest« (1945) hatte PRC beachtlichen Erfolg an der Kinokasse. Das finanziell angeschlagene Studio wurde schließlich von der französischen Pathé übernommen. 1947 wurde PRC mit der Eagle Lion Film Corporation zusammengeschlossen, die dem Briten J. Arthur Rank gehörte.

Spezialisierte Studios

Keystone Company/Mack Sennett Comedies und Hal Roachs Studio

Von großer Bedeutung für die Entwicklung Hollywoods bis in die 1920er Jahre waren die Komödien der Keystone Studios (nach 1917 Mack Sennett Comedies) von Mack Sennett sowie die Filme, die in Hal Roachs Studios. Hier entstanden Meilensteine der US-amerikanischen Filmkomödie, bekannt geworden als Slapstick. Charakteristisch für Slapstick-Komödien sind aggressive Komik und derber Humor in absurden Situationen mit furioser und zumeist handgreiflicher Action. Slapstick-Komödien setzen vor allem auf die Kraft visueller Gags wie groteske Tortenschlachten (»The Battle of the Century« 1927) oder rasante Verfolgungsjagden (»Der General« 1927). Slapstick-Künstler wie Buster Keaton, Harold Lloyd, Harry Langdon oder Charles Chaplin waren Akrobaten, Stuntmänner und Komiker in einer Person mit der Fähigkeit zu außergewöhnlich präzisem *Timing*. Als künstlerisch-komische Ausdrucksform mit langer Tradition hoben besonders die von Mack Sennett produzierten Slapstick-Komödien das simple Nachspielen von Gags auf ein dem Medium Film angepasstes, künstlerisch anspruchsvolles Niveau. Sennett selbst hatte sein künstlerisches Handwerk unter David W. Griffith bei der New Yorker Biograph gelernt, für die er seit 1909 als Autor und Regisseur tätig war. Fingerspitzengefühl für die zeitliche Organisation komischer Situationen und effektive

Zu Beginn der Filmgeschichte war die Nennung der Produktionsfirma bzw. des Produzenten…

Filmmontage wurden zum unverwechselbaren Markenzeichen seiner Filme und machten ihn damit zu einer der wichtigsten Persönlichkeiten der Stummfilmzeit Hollywoods.

1912 eröffnete Sennett seine eigene unabhängige Produktionsfirma, die Keystone Film Company. 1914 entstand hier unter seiner Regie die erste US-Komödie mit Spielfilmlänge, »Tillies geplatzte Romanze«. Noch berühmter wurde Sennett allerdings durch seine über tausend Kurzfilm-Komödien. Besonders die Filme seiner Komikertruppen Keystone Kops und Bathing Beauties erlangten rasch Kultstatus in den USA und wurden auch international berühmt. 1915 gründeten Mack Sennett, Thomas H. Ince und David W. Griffith die Triangle Film Corporation, unter deren Dach Sennetts Keystone Company als eigenständige unabhängige Produktionsfirma erhalten blieb. Doch bereits 1917 trennte sich Sennett wieder von Triangle, gab den Namen Keystone auf und produzierte fortan seine Komödien mit gleicher Besetzung und im bekannten Stil unter dem Namen Mack Sennett Comedies.

…auf Texttafeln noch wichtiger als mitwirkende Schauspieler und der Filmtitel.

Zu Sennetts besten Komödien gehörten beißende Parodien und Satiren auf die Schwächen der mobilen Industriegesellschaft wie »His Bitter Pill« (1916), »A Small Town Idol« (1921) und »The Shriek of Araby« (1923). Typisch waren Tricktechniken wie Hochgeschwindigkeits- und Zeitlupen-Effekte bei Verfolgungsjagden. Sennett hatte eine Reihe Komödianten unter Vertrag, die zum Aushängeschild seiner Filmproduktion wurden, darunter Mabel Normand, Gloria Swanson, Roscoe »Fatty« Arbuckle, Charles Chaplin, W.C. Fields, Buster Keaton, Harry

Langdon, und Ben Turpin. Später erfolgreiche Regisseure wie Frank Capra oder George Stevens sammelten unter Sennett erste Erfahrungen. Doch der Tonfilm und das steigende Interesse an Animationsfilmen und Cartoons bedeuteten

Der heute beinahe in Vergessenheit geratene Harold Lloyd erzielte als erster komische Effekte aus Situationen der körperlichen Gefahr. Lloyd, der seine *stunts* selbst durchführte, ging als wagemutigster Komödiant Hollywoods in die Filmgeschichte ein.

schließlich das Aus für Mack Sennetts Filmproduktion.

Hal Roachs Filmstudio konkurrierte mit Sennetts Keystone. 1915 gründete Roach eine Filmfirma, um die »Willie Work«- und »Lonesome Luke«-Komödienserien mit Harold Lloyd zu produzieren. »Just Nuts« (1915) war der erste Erfolg des Gespanns Roach/Lloyd. 1919 ließ sich Roach mit seiner Firma in Culver City in der Nähe von Hollywood nieder. Hier produzierte er Harold Lloyds berühmte Komödie »Ausgerechnet Wolkenkratzer« (1923), weitere 2000 Kurzkomödien und viele Spielfilme. Dazu gehörten eine Komödienserie mit Will Rogers, die sehr früh schon die Filmindustrie selbst zum Thema ihrer Satiren machte, sowie die »Our Gang«-Komödien, die im deutschsprachigen Fernsehen unter dem Titel »Die kleinen Strolche« berühmt wurden, und ebenso die nur mit Tieren besetzte »Dippity-Doo-Dads«-Komödienserie.

Auch Roachs Komödien zeichneten sich durch die Vorliebe für das perfekt organisierte Chaos aus. Anders als bei Sennett aber galt Roachs Aufmerksamkeit sorgfältig vorbereiteten Drehbüchern und ausgearbeiteten Charakteren. Der Humor zielte mehr auf Persönlichkeit und Situation ab als auf visuelle Gags. Insbesondere die herausragenden Komödien mit den Stars Stan Laurel und Oliver Hardy wie »Nur mit Lachgas« (1928) oder »Dick und Doof im Wilden Westen« (1937) standen für den Komödienstil der Hal Roach Studios. »Das verrückte Klavier« (1932) mit Laurel/Hardy sowie die »Our Gang«-Folge »Bored of Education« (1936) gewannen sogar einen Academy Award für die beste Kurzfilmkomödie bzw. den besten *one-reeler*. Roach produzierte aber auch ernste Themen wie »Von Mäusen und Menschen« (1939), eine Adaption der gleichnamigen Novelle von John Steinbeck. Nach dem Zweiten Weltkrieg scheiterte Roach mit dem Versuch, in das Fernsehgeschäft einzusteigen.

Walt Disney Productions

1929 gründeten der Trickfilmzeichner Walt Disney und sein Bruder, der Geschäftsmann Roy Disney, die Walt Disney Productions und produzierten animierte Filmcartoons. Die Firma mit Sitz in Burbank, in Kalifornien, wurde der bekannteste Lieferant von Unterhaltungsfilmen für Kinder und Erwachsene. In den Walt

Der umtriebige Walt Disney stellte nicht nur unterhaltsame Animationsfilme her, er produzierte 1940 auch den bemerkenswerten Kunstfilm »Fantasia«, in dem sich Cartoon-Figuren und farbige Muster zur Musik von Strawinsky, Tschaikowsky und anderen bewegten. Disney erkannte als einer der ersten in Hollywood die Bedeutung des Fernsehens für die eigene Produktion.

Disney Studios wurden überaus populäre Kunstfiguren entworfen, darunter Mickey Mouse und Minnie Mouse, oder auch Donald Duck und Pluto, die bereits in den 1930er Jahren in den USA berühmt waren. Der große Erfolg der Trickfilmfiguren ermunterte Disney zu dem ersten Trickfilm mit Spielfilmlänge: der mit einem Oscar prämierten Film »Schneewittchen und die sieben Zwerge« (1937). Weitere Klassiker des Animationsfilms folgten: »Fantasia« (1940), »Dumbo – Der fliegende Elefant« (1941), und »Cinderella« (1950).

Als die steigenden Arbeitskosten in den späten 1940er Jahren animierte Langfilme zu teuer machten, ergänzte Disney sein Programm mit Naturdokumentationen und Spielfilmen mit Realhandlung, kurzen Trickfilmen und Fernsehbeiträgen. 1955 eröffnete

Disney in Anaheim in Kalifornien den ersten Themen- und Vergnügungspark, der Disneyland getauft wurde. Als der innovative Kopf Walt Disney 1966 starb, wurde es ruhiger um Disney Productions.

Die ökonomischen Grundlagen des Erfolgs: Hollywood, Weltwirtschaftskrise und ihre Folgen

Hollywoods neu entstandene Filmindustrie erwies sich zunächst auch angesichts der Weltwirtschaftskrise Ende der 1920er Jahre als äußerst beständig, was ihren Ruf als sichere Investition vor allem am Börsenplatz Wall Street festigte. Insbesondere der Siegeszug des Tonfilms während der kurzen Phase des so genannten *talkie-boom* sorgte dafür, dass auch während der Depressionszeit die Zahl der Zuschauer kaum abnahm und die Filmproduktion sogar noch wuchs. 1930 konnte die Filmindustrie Rekordeinnahmen verbuchen. Erst ein Jahr später brach das Geschäft ein. Bis 1933 nahmen die Zuschauerzahlen von 90 auf 60 Millionen ab und die Bruttoeinnahmen verringerten sich von 730 auf 480 Millionen Dollar. Von 23.000 Kinos waren 1935 nur noch 15.300 in Betrieb. Auch die großen Studios mussten Federn lassen. Von den Big Five wurden Paramount, Fox und RKO besonders hart getroffen, weil ihre teuren Kinoketten die Gewinne auffraßen. Dagegen konnten sich Warner Brothers durch Verkäufe und MGM Dank der finanzstarken Muttergesellschaft Loew's Inc. und qualitativ hochwertiger Produkte durchsetzen. Die drei kleinen Firmen Columbia, Universal und United Artists waren von den Auswirkungen der Wirtschaftskrise nicht so sehr betroffen, weil sie über keine eigenen Kinoketten verfügten und deswegen keine Hypothekenverpflichtungen hatten. In der Produktion verfolgten sie unterschiedliche Strategien, die ihnen das Überleben sicherten. Während United Artists vielgefragte Qualitätsfilme produzierte, begannen Universal und Columbia, kostengünstige Filme zu drehen, die so genannten *b-pictures*. Für die drei kleineren Studios erwies sich diese Flexibilität als Vorteil.

A- und B-Filme

Infolge der wirtschaftlich angespannten Situation änderte die Filmindustrie ihre Produktions-, Vertriebs- und Aufführungspraxis. Zunächst ermöglichte die Differenzierung in A- und B-Filme eine effizientere Filmproduktion. Eine zweigleisige Produktionsstrategie mit kapitalintensiven Qualitätsfilmen, *a-pictures,* auf der einen und schnell und kostengünstig produzierter Serienware, *b-pictures,* auf der anderen Seite, kam den Erfordernissen des veränderten Marktes entgegen. Denn um mehr Publikum in die Kinos zu locken, gingen Kinobesitzer dazu über, zwei Filme pro Vorführung zu zeigen und das Programm mehrfach wöchentlich zu wechseln. Die erhöhte Nachfrage wurde vor allem mit Genrefilmen wie Western oder Actionfilmen befriedigt. Diese Produktionen hatten in der Regel eine Laufzeit von 60 Minuten und wurden zusammen mit einem A-Film in Nachspieltheatern an den Stadträndern gezeigt. Nachspieltheater waren Kinos, in denen A-Filme nach ihrer Laufzeit in den großen Erstaufführungskinos zu einem späteren Zeitpunkt zur Zweitverwertung noch einmal aufgeführt wurden. Während die attraktiven A-Filme zu einem bestimmten Prozentsatz ihres *box-office*-Erfolgs an die Kinos vermietet wurden, waren B-Filme zu einem vorher festgelegten Preis zu bekommen. Der Profit der A-Filme hing also direkt vom Zuschauerbesuch ab, die Erträge aus der Vorführung von B-Filmen dagegen waren sicher, aber gering. Das Angebot, zwei Filme zum Preis einer Eintrittskarte *(double bill)* sehen zu können, erwies sich rasch als geeignete Überlebensstrategie, sowohl für die Kinobesitzer als auch für die Filmproduktion. Bis 1935 boten 85 Prozent aller Filmtheater in den USA solche Doppelvorführungen aus A- und B-Film *(double feature)* an. Dafür bekamen die Zuschauer gut drei Stunden Filmmaterial zu sehen: außer den beiden Spielfilmen Cartoons, Wochenschau und Vorankündigungen neuer Filme. Die B-Produktion brachte neue, unabhängige Filmfirmen hervor, die sich ausschließlich auf die Herstellung konzentrierten und weder über eine Vertriebsabteilung noch über eigene Abspielstätten verfügten.

Die kleinen Studios belieferten unabhängige Verleihe in den einzelnen Bundesstaaten. Ihre Produktionen waren auf die regionalen Märkte zugeschnitten; eine Nische, die die Majors bislang kaum genutzt hatten. Doch auch die großen Filmstudios profitierten vom Erfolg der B-Produktionsweise, indem sie ihre Studiokapazitäten zur besseren Auslastung unabhängigen Produzenten zur Verfügung stellten. Charakteristisch für B-Filme waren geringe Budgets, knapp bemessene Zeitpläne für die Dreharbeiten, formelhafte Drehbücher, kurze Laufzeiten und minimale Ausstattung. Andererseits bot sich die Chance, neue Genres zu erproben, unbekannte Talente zu entdecken und neue filmische Verfahren und Stoffe zu entwickeln. In der Tat erforderten oftmals gerade die materiellen Beschränkungen der B-Film-Produktion mehr Kreativität bei der Umsetzung von Drehbüchern. Ungewollt öffnete sich

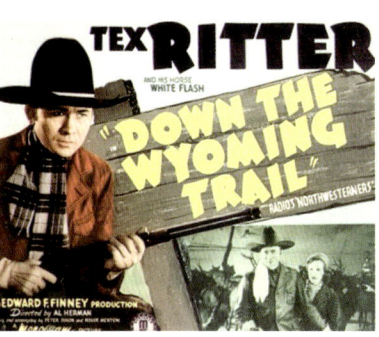

so ein Tor zu experimentelleren Formen, wovon letztlich auch die Großproduktionen profitierten. B-Film bezeichnete also nicht notwendigerweise einen qualitativ schlechteren Film. Klassiker des *Film noir* wie »Gewagtes Alibi« (1948) entstanden als B-Filme, aber auch die bei RKO produzierte Horrorfilm-Serie von Val Lewton brachte wegweisende Filme hervor, etwa »Katzenmenschen« (1942) oder »Ich folgte einem Zombie« (1943). Alles in allem stellten B-Filme also eine investitionssichere Produktionsform dar; der Anteil wirklicher Neuerungen war in Anbetracht der Massenfertigungspraxis aber eher gering.

Die Produktion von B-Filmen endete, als 1948 im Zuge des so genannten Paramount-Prozesses die restriktiven Vertriebspraktiken des *block booking* verboten wurden, und die großen Studios sich von ihren Kinoketten trennen mussten. Die Neustrukturierung, veränderter Publikumsgeschmack sowie das Aufkommen des Fernsehens bedeuteten zugleich das

Als ›Singender Cowboy‹ konkurrierte der Country- und Folksänger Tex Ritter mit Gene Autry in Low-budget-Western-Musicals um die Gunst des Publikums.

Die Zeichentrickfigur Mickey Mouse wurde nach ihrem triumphalen Erfolg in dem ersten animierten Cartoon mit Ton »Dampfschiff Willie« (1928) zur Kultfigur. Entworfen wurde sie von Disneys bestem Freund Ub Iwerks, die Stimme lieh ihr Disney selbst.

Ende des *double feature*. Es bedeutete aber nicht das Ende kostengünstiger Filmproduktionen. In den 1950er Jahren entstanden kleine Studios wie American International Pictures, die oftmals kitschige und qualitativ minderwertige Spartenfilme, so genannte *exploitation movies,* direkt für spezifische Zuschauerschichten und Billiganbieter produzierten. Erst diese nach dem Paramount-Prozess entstandene Produktionsform brachte dem B-Film seinen schlechten Ruf ein.

Externes Management

Anfang der 1930er Jahre nahm der Einfluss der Wirtschaft auf die Filmindustrie zu. Mehr und mehr kontrollierten Banken und externe Geldgeber die Geschäftspraktiken der großen Filmfirmen. In den Studios vor Ort hatten unverändert die Studiobosse das Sagen über die Filmproduktion, auch wenn die Führungsebene der Studios von professionellen Finanzmanagern betriebswirtschaftlich reorganisiert wurde. Dennoch wurden die inzwischen zu Konzernen angewachsenen Studios modernisiert und die Produktionsabläufe rationalisiert. Gegen Ende der 1930er Jahre nahm der Einfluss des externen Managements wieder ab, und an die Stelle rein betriebswirtschaftlich orientierter Unternehmensleiter traten Geschäftsführer, die mit Vertrieb und Herstellung von Filmen vertraut waren.

Produktionskontrolle

Auch bei der Kontrolle der Filmherstellung gab es in den 1930er Jahren bedeutende Umstrukturierungen. Zunächst waren Produktionsabläufe noch streng hierarchisch organisiert. Sämtliche Entscheidungen über Produktion, Kapitalfluss, Marketing, Verkauf und Kinobetrieb wurden in den New Yorker Büros der großen Filmfirmen gefällt. Hier wurden die Produktionsrichtlinien festgelegt, während in Hollywood selbst lediglich die Filme hergestellt wurden. Vor Ort organisierten und kontrollierten ein Studioboss und ein Produktionsleiter alle Arbeitsschritte der Filmherstellung. Dieses so genannte *central producer system*, in dem ein oder zwei Studio-Manager vor Ort die gesamte Produktion überwachten, war typisch für Hollywood zu Beginn der 1930er Jahre. Im Zuge betriebswirtschaftlicher Umstrukturierungen wurde das starre System jedoch aufgebrochen. Man ging dazu über, Produktionsgruppen zu bilden, die sechs bis acht Filme pro Jahr herstellten. Jede Produktionsgruppe spezialisierte sich auf eine bestimmte Sorte Film, in der Regel Genrefilme oder Filme mit denselben Stars. Dieses *producer-unit system* löste nach und nach das *central producer system* ab.

Aufgrund der erfolgreichen Restrukturierung aller Geschäftsbereiche und Produktionsabläufe betrug Ende der 1930er Jahre der Marktanteil der großen Studios an Spielfilmen in den USA etwa 75 Prozent, während der Gewinnanteil an der Gesamtproduktion sogar bei 90 Prozent lag. Dies lag auch daran, dass die fünf großen Konzerne die Kontrolle über den entscheidenden Erstaufführungsmarkt hatten. Obwohl sie landesweit nur 15 Prozent der Kinos besaßen, gehörten ihnen in den Städten über 80 Prozent der gewinnträchtigen Erstaufführungstheater. Hollywoods Filme hatten zu dieser Zeit einen geschätzten internationalen Marktanteil von 65 Prozent, was ein Drittel aller Einnahmen ausmachte. Mit seinen flexiblen Marktstrategien, rationalen Managementstrukturen und standardisierten Herstellungsweisen hatte sich das Geschäfts- und Produktionsmodell der Filmindustrie Hollywoods zu einem überlegenen System der Filmherstellung entwickelt.

*Block booking **und** blind bidding*

Flankiert und stabilisiert wurde diese Entwicklung zusätzlich durch politische Einflussnahmen. Roosevelts National Industrial Recovery Act bewirkte 1933 eine Festigung der bestehenden Monopolstrukturen. Denn der von der Politik geforderte Code of Fair Competition, der die effiziente Verwendung der Staatsgelder regulieren sollte,

wurde von dem Zusammenschluss der großen Film-
fimen (MPPDA) selbst entworfen. Auf diese Weise
wurden die monopolistischen Geschäftspraktiken der
Filmindustrie Hollywoods auch juristisch abgesegnet,
und die finanziellen Risiken der Filmproduktion weiter minimiert. Da aber der National Industrial Recovery
Act den Schutz der Arbeitnehmer in der Filmproduktion forderte, erlebten Gewerkschaften und Berufs-
verbände der Filmindustrie in den 1930er Jahren eine
Blütezeit.

Die politische Legitimation betraf die Grundlagen des
ökonomischen Erfolgs der Studios: die umstrittenen
Vertriebspraktiken des *block booking* und *blind bidding*
sowie die regionale Festlegung von Verleihbezirken.
Block booking bedeutete, dass Kinobetreiber interessante,
größere Produktionen nur im Paket mit kleineren,
schnell und billig abgedrehten Filmen, Cartoons oder
Wochenschauen erwerben konnten – und zwar noch
bevor diese überhaupt produziert waren, ungesehen
und lediglich auf Basis unverbindlicher Ankündigungen
und knapper Beschreibungen *(blind bidding)*. Ein Block
solcher eigentlich blind gebuchter Filme umfasste
20 Produktionen und mehr. Manchmal wurde das
Programm des Kinos sogar bis zu ein Jahr im Voraus
festgeschrieben. Diese Praxis garantierte den Filmproduktionsfirmen kostendeckende Einnahmen, weil
alle Produkte bereits vor der Herstellung verkauft waren.
Das Geschäft der Kinobetreiber aber hing vollkommen
von der Leistung und Produktionspolitik der Studios ab.
Vor allem für die unabhängigen, nicht zu den studioeige-
nen Kinoketten gehörenden Filmtheater bedeutete dies
einen großen Wettbewerbsnachteil. Aber auch die unabhängigen Filmproduzenten, deren Qualitätsfilme von
den großen Studios vertrieben wurden, beargwöhnten
diese Praxis, da ihre zumeist künstlerisch anspruchs-
volleren Filme in der Masse der Billigware der Studios
zu versinken drohten bzw. zum bloßen Werbeträger
degradiert wurden. Erst 1948 wurde die seit den 1920er
Jahren bestehende Vertriebsform des *block booking* für
illegal erklärt.

Der Production Code

Wurde die ökonomische Kontrolle der großen Studios über den Filmmarkt durch die politischen Maßnahmen der Roosevelt-Regierung und die finanzkräftige Unterstützung der Wirtschaft in den 1930er Jahren geradezu festgeschrieben, so sorgte der Production Code für die inhaltliche Kontrolle der Filme. Der Präsident der MPPDA, William H. Hays, veranlasste bereits 1930 die schriftliche Ausfertigung einer Doktrin, die die moralische Verantwortung des Kinos wahren sollte. Ein katholischer Verleger verfasste in Zusammenarbeit mit einem Jesuitenpater ein Regelwerk, das die Inhalte aller in Hollywood produzierten Filme für die nächsten 30 Jahre bestimmte. Der Production Code wurde nach dem Präsidenten der MPPDA auch Hays Code genannt.

Die freiwillige Selbstzensur der Filmindustrie durch den Hays Code sollte die Filmproduktion vor drohenden staatlichen Zensureingriffen schützen. Filme wurden daraufhin kontrolliert, ob sie vor dem Hintergrund christlicher Werte moralisch einwandfrei waren und dem ›guten Geschmack‹ entsprachen. Doch der Code wurde in den ersten Jahren nicht konsequent angewendet, weswegen insbesondere die 1934 gegründete Catholic Legion of Decency, zusammengesetzt aus religiösen und öffentlichen Interessengruppen, auf eine striktere Anwendung drängte. Unterstützt wurde ihr Anliegen durch protestantische und jüdische Organisationen. 1934 rief die Legion sogar zu einem landesweiten Boykott von vermeintlich unsittlichen Filmen auf. Die infolge der Weltwirtschaftskrise angeschlagenen Studios der MPPDA beeilten sich, daraufhin, die gesellschaftlich einflussreiche Gruppierung zu beschwichtigen, indem sie die Production Code Administration (auch Hays Office genannt) ins Leben rief, eine Art Zensurbehörde der Filmindustrie. Die

Hal Roach überredete Oliver North Hardy und Arthur Stanley Jefferson (Stan Laurel) 1926, als Team aufzutreten. Von 1927 bis 1951 standen sie in insgesamt 90 Komödien gemeinsam vor der Kamera.

Leitung des Hays Office wurde auf Betreiben der Catholic Legion of Decency 1934 von Joseph I. Breen übernommen, der für die strikte Umsetzung der Code-Bestimmungen sorgte.

Kontrolliert wurden insbesondere offene Gewaltdarstellungen und sexuelle Mehrdeutigkeiten, wie sie zuvor oftmals in Gangsterfilmen wie »Der kleine Caesar« (1930), »Der öffentliche Feind« (1931) oder »Scarface« (1932) sowie in Filmen mit der Schauspielerin Mae West vorgekommen waren. Der Code verlangte

Aufgrund seiner mehrdeutigen Darstellung des skrupellosen Gangsters als durchaus redlicher Individualist geriet »Scarface« (1932) mit den Zensurbehörden in Konflikt. Erst nachdem ohne Zustimmung des Regisseurs Howard Hawks relativierendes Filmmaterial hinzugefügt wurde, bekam der Film die Freigabe.

die Unantastbarkeit der Ehe und untersagte die Schilderung von außerehelichem Sex, Vergewaltigung oder Verführung. Verboten waren außerdem Gotteslästerung, Schimpfworte, rassistische Beschimpfungen sowie die Darstellung von Prostitution, sexuellen Abweichungen aller Art, Drogenabhängigkeit, Nacktheit oder offenherzige Bekleidung, anzüglicher Tanz, wollüstiges Küssen, exzessives Trinken, Grausamkeiten gegenüber Kindern oder Tieren sowie die Darstellung von chirurgischen Operationen oder Geburten. Die Zurschaustellung von Waffen war ebenso verboten wie das Zeigen von Verbrechen. Untersagt wurde weiterhin die Darstellung von sterbenden Gesetzeshütern, die von Kriminellen umgebracht worden waren sowie Hinweise auf außerordentliche Brutalitäten, Mord und Selbstmord, außer wenn dies entscheidend für den Handlungsverlauf war. In jedem Fall aber verlangte der Code, dass alle kriminellen oder moralisch verwerflichen Machenschaften bestraft wurden, und kein Verbrechen in irgendeiner Art und Weise gerechtfertigt wurde. Die Studios waren angehalten, vor dem Beginn der Dreharbeiten ihre Drehbücher vorzulegen und nach Fertigstellung der Filme das Produkt dem Hays Office zur Kontrolle vorzuführen. Erfüllte ein Film die Vorgaben, so erhielt er das Gütesiegel der Prüfstelle und konnte landesweit veröffentlicht werden. Entsprach er nicht den rigiden Vorgaben, so musste er entsprechend geändert werden. Bei Nichteinhaltung der Auflagen des Codes drohte eine Geldstrafe bis zu 25.000 Dollar. Die Studios bemühten sich nach Kräften, den Production Code einzuhalten, sodass in der Zeit seines Bestehens niemals eine Strafe gezahlt wurde. Im Gegenteil: In dem Glauben, ihr Erfolg hinge maßgeblich von der Einhaltung des Production Code ab, tendierten die Studiobosse dazu, die faktische Selbstzensur und vorauseilende Selbstbeschränkung zu institutionalisieren. Das Regelwerk half ihnen sogar, ihre Produktion noch effizienter zu gestalten, da das Repertoire an darstellerischen Möglichkeiten erheblich beschränkt wurde. Die strengen Vorschriften wurden letztlich zu Vorlagen für die Drehbücher. Liebesgeschichten konnten nur in einer Heirat kulminieren; Ehebruch und Verbrechen führten zwangsläufig zu Bestrafung oder Tod; die Dialoge wurden so inszeniert, dass niemand an der Wortwahl Anstoß nehmen konnte usw. Der Production Code bewirkte also eine stark eingegrenzte Darstellung und half so, ein Erzählsystem zu etablieren, für das Hollywood berühmt wurde: nämlich das Prinzip der Kontinuität aller Handlungen einer Geschichte und ihre Bewegung auf ein Ziel hin, das es im Sinne des Codes zu erreichen galt.

Über drei Jahrzehnte hatte der Code in Hollywood bestand, auch wenn er nach und nach seine Wirkung verlor. Als Warner Brothers 1966 mit »Wer hat Angst vor Virginia Woolf?« ohne die Genehmigung der Selbstregulierungsbehörde das Porträt einer scheiternden Ehe veröffentlichte und wenige Monate später MGM »Blow Up« mit Nacktszenen und der Darstellung von Drogenmissbrauch in die Kinos brachte, war das Ende des Production Code offensichtlich.

Das Ende der Rezession in Hollywood

1939 erreichte Hollywood nach Ansicht vieler Filmkritiker seinen Höhepunkt. 177.420 Menschen arbeiteten in der Filmindustrie, 33.687 davon in der Produktion, 187 Millionen Dollar wurden für die Produktion ausgegeben, die wöchentlichen Einnahmen betrugen 85 Millionen Dollar und die Studios brachten 388 Filme heraus. Auch die Oscar-Nominierungen dieses Jahres verdeutlichten den herausragenden Standard, den Hollywood erreicht hatte. Folgende Studioproduktionen wurden für den Academy Award nominiert: »Mr. Smith geht nach Washington« (Produktion: Columbia; Oscar für das beste Original-Drehbuch), »Ringo« (Produktion: United Artists; Oscar für den besten Schauspieler in einer Nebenrolle sowie für die beste Musik), »Opfer einer großen Liebe« (Produktion: Warner Brothers), »Ruhelose Liebe« (Produktion: RKO), »Auf Wiedersehen, Mr. Chips« (Produktion: MGM; Oscar für den besten Schauspieler in einer Hauptrolle), »Von Mäusen und Menschen« (Produktion: Hal Roach und United Artists), »Ninotchka« (Produktion: MGM), »Der Zauberer von Oz« (Produktion: MGM; Oscar für die beste Original-Musik sowie für den besten Original-Song »Over the Rainbow«), »Sturmhöhe« (Produktion: Samuel Goldwyn und United Artists; Oscar für die beste Kameraarbeit/Schwarz-Weiß) und »Vom Winde verweht« (Produktion: Selznick International Pictures und MGM; Oscars für die beste Schauspielerin in einer Hauptrolle, für die beste Schauspielerin in einer Nebenrolle, für die beste Dekoration, für die beste Kameraarbeit/Farbe, für die beste Regie, für den besten Filmschnitt, für den besten Film sowie für das beste Drehbuch). Zahlreiche berühmte Stars erhielten die begehrte Trophäe, wie Vivien Leigh, Bette Davis, Greta Garbo, Olivia de Havilland, Clark Gable, Laurence Olivier, Mickey Rooney und James Stewart. Unter den ausgezeichneten Regisseuren waren Victor Fleming, Frank Capra, John Ford, Sam Wood und William Wyler.

Der Academy Award

1927 regte der Präsident von MGM, Louis B. Mayer, auf einem Bankett der neugegründeten Academy of Motion Picture Arts and Sciences an, für herausragende Leistungen im Film einen Preis zu verleihen. Der Academy Award ist bis heute der wichtigste nationale Filmpreis der USA; die Academy ist heute eine professionelle ehrenamtliche Organisation mit mehr als 6.000 Mitgliedern aus der Filmindustrie.

Cederic Gibbons, Art Director von MGM, lieferte den Entwurf für die Statue, die offiziell The Academy Award of Merit heißt. 1928 wurde sie von dem Bildhauer George Stanley in Bronze gegossen und mit 24-karätigem Gold überzogen. Sie stellt einen Ritter dar, der ein Schwert hält und auf einer Filmrolle steht. Die fünf Speichen der Filmrolle stehen für die fünf Abteilungen der Akademie: Schauspieler, Regisseure, Produzenten, Techniker und Autoren. Seit 1931 trägt sie den Spitznamen ›Oscar‹. Einer Legende zufolge soll die einstige Sekretärin und spätere Direktorin der Akademie, Margaret Herrick, beim Anblick der bis dahin namenlosen Statuette an ihren Onkel namens Oscar erinnert worden sein.

Zum ersten Mal wurde die Auszeichnung im Jahr 1929 verliehen. Damals wie heute standen die Gewinner schon Monate vor der Preisverleihung fest. Seit 1941 wurden die Sieger geheim gehalten und ihre Namen erst im Rahmen einer pompösen Feier bekannt gegeben, die sofort das Interesse der Massenmedien auf sich zog. Anfangs wurden zwei Preise für die beste weibliche und männliche Hauptrolle verliehen und jeweils einer für den besten Film, Regisseur, Autor, Kameramann und Art Director. Seit seinem Bestehen gab es außerdem spezielle Auszeichnungen. So erhielt 1929 Warner Brothers für die Produktion des ersten Tonfilms »Der Jazzsänger« (1927) einen *special award* ebenso wie Charles Chaplin für Produktion, Regie, Drehbuch und Hauptrolle von »Circus« (1928). Später kamen Auszeichnungen für Nebendarsteller und Nebendarstellerin, Filmschnitt, Song, Musik,

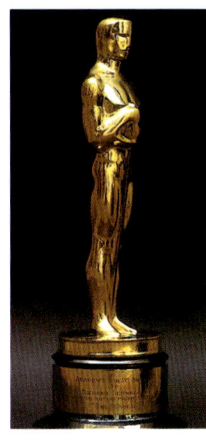

Die Statuette ist 34,3 cm groß und wiegt 3800 Gramm.

Einen Oscar als bester Film gewannen:

2003 Chicago (2002)
2002 A Beautiful Mind (2001)
2001 Gladiator (2000)
2000 American Beauty (1999)
1999 Shakespeare in Love (1998)
1998 Titanic (1997)
1997 Der englische Patient (1996)
1996 Braveheart (1995)
1995 Forrest Gump (1994)
1994 Schindlers Liste (1993)
1993 Erbarmungslos (1992)
1992 Das Schweigen der Lämmer (1991)
1991 Der mit dem Wolf tanzt (1990)
1990 Miss Daisy und ihr Chauffeur (1989)

Die ökonomischen Grundlagen des Erfolgs

1989 Rain Man (1988)
1988 Der letzte Kaiser (1987)
1987 Platoon (1986)
1986 Jenseits von Afrika (1985)
1985 Amadeus (1984)
1984 Zeit der Zärtlichkeit (1983)
1983 Gandhi (1982)
1982 Die Stunde des Siegers (1981)
1981 Eine ganz normale Familie (1980)
1980 Kramer gegen Kramer (1979)
1979 Die durch die Hölle gehen (1978)
1978 Der Stadtneurotiker (1977)
1977 Rocky (1976)
1976 Einer flog über das Kuckucksnest (1975)
1975 Der Pate 2 (1974)
1974 Der Clou (1973)
1973 Der Pate (1972)
1972 French Connection – Brennpunkt Brooklyn (1971)
1971 Patton – Rebell in Uniform (1970)
1970 Asphalt Cowboy (1969)
1969 Oliver! (1968)
1968 In der Hitze der Nacht (1967)
1967 Ein Mann zu jeder Jahreszeit (1966)
1966 Meine Lieder – meine Träume (1965)
1965 My Fair Lady (1964)
1964 Tom Jones – Zwischen Bett und Galgen (1963)
1963 Lawrence von Arabien (1962)
1962 West Side Story (1961)
1961 Das Appartement (1960)
1960 Ben Hur (1959)
1959 Gigi (1958)

fremdsprachiger Film, Kostüm-Design, Soundeffekte, visuelle Effekte und Make-up hinzu. Außerdem vergibt die Academy den Irving G. Thalberg Memorial Award für Produktionsqualität, den Jean Hersholt Humanitarian Award für besondere humanitäre Leistungen in der Filmindustrie, den Gordon E. Sawyer Award für herausragende Leistungen in der Entwicklung der Filmtechnik sowie Ehrenoscars für außergewöhnliche Leistungen. Bedingung für die Nominierung ist, damals wie heute, dass ein Film öffentlich verfügbar ist, mindestens im 35-mm-Format produziert wurde und in einem kommerziellen Kino

Alle Preis-Kategorien auf einen Blick

Bester Film
   (Best Picture)

Bester Schauspieler in einer Hauptrolle
   (Actor in a Leading Role)

Bester Schauspieler in einer Nebenrolle
   (Actor in a Supporting Role)

Beste Schauspielerin in einer Hauptrolle
   (Actress in a Leading Role)

Beste Schauspielerin in einer Nebenrolle
   (Actress in a Supporting Role)

Beste Dekoration
   (Art Direction)

Beste Kamera
   (Cinematography)

Beste Kostüme
   (Costume Design)

Beste Regie
   (Directing)

Bester Dokumentarfilm
   (Documentary Feature)

Bester dokumentarischer Kurzfim
   (Documentary Short Subject)

Bester Schnitt
   (Film Editing)

im Gebiet von Los Angeles zwischen dem 1. Januar und dem 31. Dezember eines Jahres eine Laufzeit von mindestens einer Woche hatte.

Obwohl die Academy stets versuchte, sich nicht von Interessengruppen und Befürwortern, von Zuschauerzahlen und Kassenerfolg, von Öffentlichkeitsarbeit und Marketing der Studios sowie von Beliebtheit und Ansehen von Personen oder Filmen beeinflussen zu lassen, ist dies nur selten gelungen. Die Oscar-Verleihung war und ist auch eine Nabelschau der Filmindustrie und steht als solche stets im Verdacht, eher das Geschäft als die filmhistorische Leistung zu berücksichtigen.

Bester ausländischer Film
(*Foreign Language Film*)

Bestes Make-Up
(*Makeup*)

Beste Filmmusik
(*Music – Score*)

Bester Song
(*Music – Song*)

Bestes Drehbuch nach einer Vorlage
(*Writing – Adapted Screenplay*)

Bestes Original-Drehbuch
(*Writing – Original Screenplay*)

Bester animierter Kurzfilm
(*Short Film – Animated*)

Bester Kurzfilm
(*Short Film – Live Action*)

Bester Ton
(*Sound*)

Beste Tonbearbeitung
(*Sound Editing*)

Beste visuelle Effekte
(*Visual Effects*)

Ehrenoscar
(*Honorary Award*)

1958 Die Brücke am Kwai (1957)
1957 In 80 Tagen um die Welt (1956)
1956 Marty (1955)
1955 Die Faust im Nacken (1954)
1954 Verdammt in alle Ewigkeit (1953)
1953 Die größte Schau der Welt (1952)
1952 Ein Amerikaner in Paris (1951)
1951 Alles über Eva (1950)
1950 Der Mann, der herrschen wollte (1949)
1949 Hamlet (1948)
1948 Tabu der Gerechten (1947)
1947 Die besten Jahre unseres Lebens (1946)
1946 Das verlorene Wochenende (1945)
1945 Der Weg zum Glück (1944)
1944 Casablanca (1942)
1943 Mrs. Miniver (1942)
1942 So grün war mein Tal (1941)
1941 Rebecca (1940)
1940 Vom Winde verweht (1939)
1939 Lebenskünstler (1938)
1938 Das Leben des Emile Zola (1937)
1937 Der große Ziegfeld (1936)
1936 Meuterei auf der Bounty (1935)
1935 Es geschah in einer Nacht (1934)
1934 Cavalcade (1933)
1933 Menschen im Hotel (1932)
1932 Cimarron (1931)
1931 Im Westen nichts Neues (1930)
1930 The Broadway Melody (1929)
1929 Wings (1927)

Die technischen Grundlagen des Erfolgs

Tonfilm

Der frühe Film musste aus technischen Gründen ohne Dialoge, Toneffekte und Musik auskommen. Dennoch war er deswegen nicht, wie der Name Stummfilm suggeriert, völlig stumm. Von Anfang an bemühten sich Filmemacher, in den Bildern selbst auf nicht vorhandene Töne hinzuweisen. Noch wichtiger war der Einsatz von Orchester und Begleitmusik während der Filmvorführung. Sie sorgten nicht nur für musikalische Untermalung, sondern waren oftmals auch für Toneffekte zuständig. Erzähler erklärten, was vor sich ging oder sprachen Dialoge nach. Dies war manchmal notwenig, weil die Geschichten wegen mangelnder Standardisierung des realistischen Erzählens nicht immer eindeutig nachvollziehbar waren. Der Ton half folglich bereits zu Stummfilmzeiten, zeitliche, räumliche und psychologische Zusammenhänge der Geschichten deutlicher zu machen und so den Realitätseindruck zu steigern. Abgesehen davon, dass die technische Innovation des Tonfilms noch mehr Zuschauer in die Kinosäle locken sollte, kam die Entwicklung und rasche Standardisierung der Filmvertonung auch der Forderung nach mehr Realismus im Film entgegen. Andererseits ersetzten Musik-, Geräusch- und Sprachbegleitung von Filmen zunehmend die Liveauftritte von Artisten und Bühnenkünstlern

Eine Aktie der Edison Kinetophone Company: Reger Erfindergeist und ausgeprägter Geschäftssinn bildeten die Säulen von Thomas A. Edisons Erfolg.

aller Art sowie andere Darbietungen, wie sie im Rahmen von Stummfilmvorführungen üblich waren. Das Aufkommen des Tonfilms machte die Orchester überflüssig, die Kosten für die Umrüstung der Produktion lagen weit unter denen für Orchester und Begleitmusiker.

Ausgelöst wurde die Entwicklung des Tonfilms durch die Anstrengungen der Filmindustrie, Bilder und Töne synchron – und sofern im Film gesprochen wurde, natürlich lippensynchron – zu kombinieren. Besonders

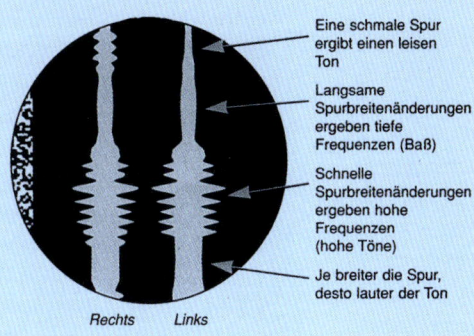

Beim Lichttonverfahren wurde der aufgenommene Ton mit Hilfe photoelektrischer Elemente zunächst in optische Signale umgewandelt und direkt auf Negativfilm belichtet. Bei der Projektion wurden die optischen Signale der Lichtspur in umgekehrter Reihenfolge in akustische zurückgewandelt.

Eine schmale Spur ergibt einen leisen Ton

Langsame Spurbreitenänderungen ergeben tiefe Frequenzen (Baß)

Schnelle Spurbreitenänderungen ergeben hohe Frequenzen (hohe Töne)

Je breiter die Spur, desto lauter der Ton

Rechts   Links

Thomas Edisons Methode, Bilder und Töne mittels einer mechanischen Tonaufzeichnungsapparatur zu verbinden, die mit dem Filmprojektor gekoppelt war (Kinetophone), wurde zum Vorbild für die Filmproduktion Hollywoods in den 1920er Jahren. Edisons Verfahren und seine Nachfolger, die den Ton von einer Schallplatte zuspielten *(sound-on-disc)*, wurden in den 1930er Jahren abgelöst von einem neuen Prinzip der Tonaufzeichnung. Das von der Entwicklung der Elektrotechnik inspirierte Vorgehen, den Ton mit Hilfe des so genannten Ton-auf-Film- bzw. Lichtton-Verfahrens *(sound-on-film)* direkt auf dem belichteten Film zu speichern, setzte sich weltweit durch.

In Hollywood spielten die Gesellschaften Fox Film und Warner Brothers die Vorreiterrolle bei der Tonfilmproduktion. Seit 1927 rüsteten sie ihre Kinos mit entsprechender Technik aus, die die auf der Lichttonspur gespeicherten Toninformationen in akustische Signale zurückverwandelte. Warner zeigte im August 1926 den Film »Don Juan«, der mit Musik unterlegt war. Die Musik kam in diesem Film noch von einem bildsynchron arbeitenden Phonographen, der die Toninformationen mit dem Vitaphone genannten Schallplatten-Nadeltonsystem übertrug. Mit Hilfe dieser Apparatur wurden zunächst ausschließlich kurze lippensynchrone Darbietungen populärer Opernsänger und Varietékünstler produziert, die Dank der mobilen Filmtechnik jetzt auch die kleineren Theater erreichten. Wie Warner glaubte auch die Fox zunächst nicht an den Erfolg des Tons im Dialog- bzw. Spielfilm. Aus diesem Grund beschränkte sich Fox auf die Form der vertonten Wochenschau, setzte im Unterschied zu Warner dafür allerdings das Lichtton-Verfahren ein. Die neuen Fox Movietone News lockten anfangs sehr viele Zuschauer in die Kinos, das Interesse ließ jedoch ebenso schnell wieder nach. Noch bevor sich das Lichtton-Verfahren durchsetzen konnte, waren es erneut die Warner Brothers, die 1927 mit »Der Jazzsänger« erstmals in der Geschichte Hollywoods lippensynchrone Lieder und gesprochenen Dialog in einem Spielfilm verwendeten. Unter der Regie von Alan Crosland und mit dem bekannten Varieté-Star Al Jolson in der Hauptrolle entstand ein Film, der zum Prototyp des in Hollywood überaus erfolgreichen Genres des Musicals wurde, auch wenn Gesang und Dialog nur in wenigen Passagen verwendet wurden, und der Film ansonsten stumm blieb. Dennoch wurde bereits in »Der Jazzsänger« der Ton dramaturgisch eingesetzt. Zwei musikalische Motive, profaner Jazz und religiöse Lieder, trafen aufeinander und charakterisierten auf diese Weise das melodramatische Thema des Films.

Der große Publikumserfolg des Films bewies zugleich, dass mit dem vertonten Spielfilm durchaus viel Geld zu verdienen war. Die übrigen Studios beeilten sich, ihre Produktion ebenfalls auf die neue Tontechnik umzustellen. Nach Absprachen einigte man sich schnell auf das von Western Electric entwickelte Lichtton-Verfahren als Standard. Die Festlegung der großen Studios Hollywoods auf die *sound-on-film*-Technik rief die Konkurrenz des Herstellers Western Electric auf den Plan. Die größte Radiogesellschaft der USA, die Radio Corporation of America (RCA), reagierte mit der Errichtung eines eigenen großen Studios, der Radio Keith Orpheum, kurz RKO, um ein selbstentwickeltes Tonaufzeichnungsverfahren (RCA Photophone) zu etablieren.

Bereits 1928/29 begann Hollywood damit, sein Tonfilmsystem auch international durchzusetzen. Innerhalb nur weniger Jahre stellte Hollywood seine gesamte

Produktion von Stummfilm auf Tonfilm um, 1930 wurde die Stummfilmproduktion dann gänzlich eingestellt.

Doch der Siegeszug des Tonfilms brachte auch ernste Probleme für Hollywoods Filmindustrie mit sich. In vielen Ländern wurden Filme in englischer Sprache schlicht nicht verstanden, Übersetzungssysteme gab es noch nicht. Dies hatte zur Folge, dass der weltweite Filmmarkt in ebenso viele Märkte zerfiel, wie es Sprachregionen gab; aufgrund des Sprachproblems begannen die Exportmärkte wegzubrechen. Dies betraf besonders den bedeutenden europäischen Markt. Einige Länder wehrten sich sogar mit protektionistischen Maßnahmen gegen fremd- bzw. englischsprachige Filme. Wurden die Sprachbarrieren seitens Hollywood anfangs mit dem vermehrten Einsatz von Liedern und Musik überbrückt, um das Problem der Fremdsprache durch Betonung musikalischer Elemente in den Hintergrund zu drängen, so gingen Hollywoods Studios später dazu über, Studios vor Ort aufzubauen, wie beispielsweise Paramount in Joinville bei Paris. Die Herstellung mehrsprachiger Filmversionen wurde durch den mehrfachen Dreh desselben Films in verschiedenen Sprachen bewerkstelligt, wobei Aufbauten und Kulissen wiederverwendet wurden (z. B. »Paramount on Parade« und »Die Drei-Groschen-Oper«, beide 1930). MGM hingegen setzte auf ausländische Künstler, die in Hollywood für die verschiedenen Sprachversionen eingesetzt wurden. Neben der Weltwirtschaftskrise gefährdete die nun einsetzende Dezentralisierung der Filmproduktion das Fortbestehen des Studiosystems von Hollywood. Die aufgrund des Sprachproblems erstarkte europäische Filmindustrie machte eigene Ansprüche geltend. Hollywoods internationales Geschäft war gefährdet, was 1930 in der Aufteilung des Weltmarktes in zwei Sprachregionen gipfelte:

William Fox besaß zum Verdruss seiner Konkurrenten zahlreiche Tonfilm-Patente. Der nach seinem Movietone-Tonverfahren benannte, mehrere Millionen Dollar teure Studiokomplex Movietone City in Westwood (Kalifornien) symbolisierte zugleich die Bedeutung, die Fox dem Tonfilm zuschrieb.

Für ›stone face‹ Buster Keaton bedeutete der Tonfilm einen tiefen Einschnitt in seine Karriere.

Während dem europäischen Tobis-Klangfilm-Kartell (Tobis = Ton-Bild Syndikat AG) alle Lizenzen auf Tongeräte und Filme in Europa zugesprochen wurden, sollte der Rest des Weltmarktes beiden Parteien offen stehen. Als Reaktion auf diese Entwicklung einigten sich die Tonfilmausrüster Western Electric und RCA, ihre Technik aufeinander abzustimmen und auch mit dem europäischen Tonsystem kompatibel zu bleiben. Bereits 1932 wurde das Sprachproblem durch die Entwicklung von Nachvertonungstechniken und Untertitelungen gelöst, ab 1933 erholten sich die Studios in Hollywood von dem durch den Tonfilm ausgelösten Rückschlag.

Doch der Tonfilm veränderte nicht nur den Filmmarkt und die Filmtechnik, er veränderte auch das Verhältnis von Film und Zuschauer. Der Tonfilm machte nicht nur Musiker, Sprecher und zusätzliche Live-Attraktionen überflüssig und ersetzte das halbfertige Stummfilm-Produkt durch komplett vorführfertige Ware; er stellte vielmehr ein neuartiges Produkt, dass die bisherige, von Ort zu Ort unterschiedliche Form der Präsentation von (Stumm-)Filmen langsam verdrängte. Ursache dafür, war die Möglichkeit, dass an allen Abspielorten innerhalb eines Landes das Produkt nicht nur gleich aussah, sondern vor allem auch gleich klang – und das in jedem Land der Welt. Das frühe multimediale Ereignis des Stummfilms mit großen individualisierten Live-Anteilen wandelte sich in ein universell einsetzbares, autonomes Kunstprodukt, dass das Medium Film unabhängig von lokalen Gegebenheiten machte. Insofern bedeutete der Tonfilm zugleich einen wichtigen Schritt auf dem Weg zu einer weitergehenden Standardisierung des Produkts Film.

Für Hollywoods Ateliers brachte der Tonfilm große Umstellungen mit sich. Studios waren schalldicht zu machen, Störgeräusche während der Aufnahmen mussten unbedingt vermieden werden, wie z. B. das Summen der Bogenlampen. Das laute Geräusch der Kameras erforderte technische Lösungen wie das so genannte *blimp,* ein schalldichtes Gehäuse für die Kamera. Neu eingestellte Techniker mussten die Tonaufnahmen überwachen, auch für den Filmschnitt wurden neue Geräte benötigt. Die neu hinzugekommenen Dialoge verlangten Autoren, die die Kunst des Dialogschreibens beherrschten. Hollywood nahm deswegen zahlreiche Bühnenautoren unter Vertrag.

Der Einsatz der Stimme schuf zugleich bessere Möglichkeiten der Figurenzeichnung. Stars wurden seit den 1930er Jahren zusätzlich durch ihre Stimme und ihren Duktus identifizierbar: Mae West etwa wurde berühmt für ihre anzüglichen Bemerkungen, während derbe Gangstersprache das Markenzeichen James Cagneys war. Daneben entwickelten sich Sprechstile für unterschiedliche Filmcharaktere. Dialoge und Sprache erfuhren gegenüber den zuvor europäisch beeinflussten Stummfilmgeschichten und -themen eine Öffnung zur US-amerikanischen Gegenwartssprache und damit auch zur Kultur der USA. Hollywoods Produktionen wurden durch den Tonfilm zunehmend »amerikanisiert«.

Nicht alle Stummfilmstars überstanden den Übergang zum Tonfilm. Das betraf in besonderem Maße die unter Mack Sennett berühmt gewordenen Komiker Buster Keaton und Harold Lloyd, deren halsbrecherische Akrobatik und eigens für die Ästhetik des Stummfilms entwickelte Körpersprache in der Zeit des Tonfilms keine Verwendung mehr fanden. Die Schauspieler waren gezwungen, sich und ihre künstlerischen Ambitionen radikal den veränderten Bedürfnissen der Studioproduktion anzupassen. Charles Chaplin beispielsweise sah seine Kunstfigur des stummen Tramp, die von einer ausgefeilten Körpersprache lebte, durch den Tonfilm gefährdet. Weil Chaplin allerdings weitestgehend Kontrolle über die eigene Produktion hatte, konnte er länger als jeder andere in Hollywood ›stumme‹ Filme machen, d.h. Filme mit selbst komponierten Tönen und Musik, in denen Sprache nur eine untergeordnete Rolle spielte (z. B. »Lichter der Großstadt« 1931, »Moderne Zeiten« 1936). Erst 1952 kam mit »Rampenlicht« Chaplins erster

Sprech-Film in die Kinos. Weniger Probleme beim Übergang vom Stumm- zum Tonfilm hatte das Komikerduo Stan Laurel und Oliver Hardy, das sich den Ton zu Nutze machte und sein komisches Repertoire erfolgreich in Dialoge übertrug (z. B. »Die Wüstensöhne« 1933, »Dick und Doof als Studenten« 1940).

Der Siegeszug des Tonfilms veränderte auch die Bedeutung der Musik. Im Stummfilm spielte die von einem Orchester dargebrachte, stets im Vordergrund

präsente Musik eine besondere Rolle bei der Gestaltung der Filmvorführung; im Tonfilm dagegen kam Musik zumeist als Hintergrundmusik zum Einsatz und wurde den Dialogen untergeordnet. Stilistisch orientierte sich die neue Filmmusik an dem europäischen Symphonieorchester. Big Bands mit Percussions und Blasinstrumenten sowie Jazzmusik, wie sie zu Stummfilmzeiten in den Kinopalästen Mode waren, waren nun nicht länger gefragt. Stattdessen setzte Hollywood zunächst auf pompöse Streichmusik und Holzblasinstrumente sowie auf Komponisten mit klassischer Ausbildung. Erst

Nachdem Chaplins erster Auftritt in einer Sennett-Produktion nicht den erhofften Erfolg brachte, forderte Sennett Chaplin auf, eine eigenständige Figur zu entwerfen. Chaplin nahm einen zu kleinen Mantel, zu große Hosen, ausgelatschte Schuhe, einen Spazierstock und eine alte Melone, klebte sich einen kleinen Schnurrbart an und debütierte in seinem zweiten Sennett-Film »Seifenkistenrennen in Venedig« (1914) als ›little tramp‹ – eine Figur, die ihn weltberühmt machte.

später wurden die alten Musikstile wieder aufgegriffen.

1946 gelangte ein in Deutschland entwickeltes magnetisches Tonaufzeichnungsverfahren in die USA. Dabei handelte es sich um ein Tonband aus Plastik, das mit einer speziellen Schicht überzogen war, die während der Aufnahme magnetisiert wurde. Ausgehend von dieser Technik entwickelte Paramount 1949 neue Tonbearbeitungsverfahren. Um jenen Kinobetreibern entgegenzukommen, die die Investitionen in neue Tonwiedergabeverfahren scheuten, bot Paramount seine Filme auch noch mit Lichtton an. Das Magnettonverfahren ermöglichte Stereoton bzw. Raumklang. Insgesamt sieben Kanäle für sieben Lautsprecher, fünf davon hinter der Leinwand platziert und zwei an den Seiten, erzeugten die akustische Illusion eines räumlichen Geschehens. Doch Paramounts Magnettonverfahren konnte sich trotz des realistischeren Raumeindrucks beim Publikum nicht durchsetzen.

Ziel der neuen Tonkunst war es, den Ton möglichst nahtlos in die bestehende Erzählweise zu integrieren. Die Tonaufnahme wurde zum Ohr des imaginären Beobachters, so wie zuvor schon die Kamera als Auge dieses unsichtbaren Beobachters konzipiert wurde. Bild- und Tonperspektive wurden auf einander abgestimmt. Stilistisch bedeutete die Einführung des Tons im Film also keine große Revolution, sondern vielmehr die Verfeinerung bestehender Techniken des Geschichtenerzählens. Der Ton wurde funktional untergeordnet; auch nach Einführung des Tonfilms ging es darum, Geschichten verständlich zu machen, Realität vorzutäuschen. Hollywoods illusionistisches Kino wurde mit Hilfe des Tons weiter perfektioniert.

Neue Filmtechniken

Die Entwicklung des Tonfilms sorgte im Bereich der Filmtechnik für einen beachtlichen Innovationsschub. Die Filmindustrie war nach der insgesamt positiven Erfahrung mit dem Tonfilm eher bereit, technische Neuerungen einzusetzen. Experimente gab es in Hollywood schon seit je her. So experimentierte Paramount beispielsweise mit Bildvergrößerungen während der Vorführung. Dabei wurde ein neues Projektionsverfahren namens Magnascope eingesetzt, bei dem das Bild mit Hilfe einer speziellen Optik doppelt so groß projiziert werden konnte, was jedoch die Körnigkeit des Filmmaterials sichtbar werden ließ und den Filmgenuss trübte. Breitband-Filmformate sollten den Platz für Bildinformationen ausgleichen, der durch die unmittelbar auf dem Filmmaterial zusätzlich aufgebrachte Lichttonspur verloren ging. Es gab auch Versuche mit dreidimensionalen Filmen, bei denen mit Hilfe von zwei projizierten Bildern unterschiedlicher Farbe und einer entsprechenden Polarisationsbrille für den Zuschauer verblüffend realistisch wirkende räumliche Effekte erzielt wurden. Außergewöhnliche Effekte wurden auch durch die Verwendung von Zoom-Objektiven erzielt, deren stufenlos variierbare Brennweite von Weitwinkel- bis zur Teleaufnahme dazu genutzt werden konnte, ähnlich einer Kamerafahrt Bewegung in das Bild zu bringen. Oft ersetzte der Zoom ungleich aufwändigere Kamerafahrten, hatte aber den Nachteil, dass sich während des Zoomens die Bildproportionen laufend änderten und damit auch das Verhältnis der Bildebenen und Gegenstände im Bild. All diese neuen Techniken stießen aber nur auf kurzzeitiges Interesse beim Publikum, das mehr an neuen Inhalten, interessanten Geschichten und bewundernswerten Stars als an technischen Neuheiten interessiert war. 3D-Filme etwa hatten nur von 1952 bis 1954 Konjunktur; vor allem in Horrorfilmen (z. B. »Das Kabinett des Professor Bondi« 1953, »Der Schrecken vom Amazonas« 1954), in Science Fiction Filmen (z. B. »Gefahr aus dem Weltall« 1953) und Western (»Hondo« 1953).

Von besonderer Bedeutung blieb allerdings die Entwicklung des Farbfilms und des Breitbandformats, die aber erst in den 1950er Jahren eine Renaissance erfuhren, als sich das Fernsehen anschickte, den von Hollywood dominierten Kinos Konkurrenz zu machen.

Der Farbfilm

Farbfilme standen Hollywoods Filmindustrie bereits sehr früh zur Verfügung. Farbe konnte dazu verwendet werden, einen größeren Realitätseindruck zu vermitteln und so Erzählsituationen zu verdeutlichen. Das Einfärben ganzer Filmstreifen im Färbebad (*tinting*, Viragieren) brachte einheitlich getönte Bilder hervor, die

In dem bei Vitagraph entstandenen »Jephtas Tochter: Eine biblische Tragödie« (1909) signalisierte die rotorange Färbung brennendes Feuer.

entsprechenden Farbcodes zugeordnet wurden: Blau für Nacht, bernsteinfarbene Szenen für nächtliche Innenräume, grün für Natur und für Tageslichtszenen üblicherweise Sepia- oder Violett-Färbungen. Probleme gab es, wenn der Film auch eine Tonspur enthielt, die im Färbebad automatisch mitgefärbt wurde, was bei der Projektion die Tonqualität beeinträchtigte. Daneben gab es chemische Verfahren, mit deren Hilfe dunkle Bereiche des Filmpositivs stärker gesättigt werden konnten, während die hellen Bereiche nahezu weiß blieben.

Der Farbfilm wurde in den 1930er und 1940er Jahren nur sporadisch eingesetzt. Seine Blütezeit begann in den 1950er Jahren, als das Fernsehen anfing, der Filmindustrie Konkurrenz zu machen. Während sich der Tonfilm innerhalb von nur vier Jahren durchsetzte, brauchte der Farbfilm etwa 30 Jahre. Dies scheint um so erstaunlicher, wenn man bedenkt, dass Farbe eine natürlichere Abbildungsqualität aufweist als der schwarzweiße Film, was eigentlich der realistischen Erzählstrategie Hollywoods hätte entgegenkommen müssen.

Seit Mitte der 1920er Jahre gab es Filme, die teilweise farbig gestaltet waren (»Irene« 1926, »The Wedding March« 1928, »Broadway Melody« 1929). Die mit je einem Oscar ausgezeichneten Zeichentrickfilme »Flowers and Trees« (1932) und »Three Little Pigs« (1933) verwendeten das Technicolor-Verfahren, für das Walt Disney Exklusivrechte besaß. Der erste im Drei-Streifen-Verfahren hergestellte Technicolor-Spielfilm war Ruben Mamoulians »Becky Sharp« (1935).

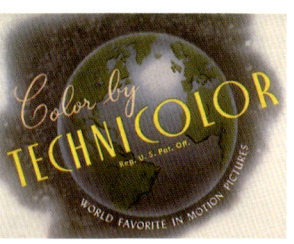

Logo von Technicolor

Beim Technicolor-Verfahren wurde das Licht während der Filmaufnahme mit Hilfe eines Prismas in seine Rot-, Blau- und Grünanteile zerlegt, die wiederum auf drei Negativ-Filmstreifen mit unterschiedlicher Lichtempfindlichkeit – jeweils für Rot, Blau und Grün – belichtet wurden. Um aus den einzelnen Farbauszügen einen Technicolor-Film herzustellen, wurden die drei Filmstreifen gesondert entwickelt, in einem Farbstoffbad separat eingefärbt und schließlich nacheinander auf einen präparierten Positivfilm übertragen. Da der Positivfilm bereits vorab mit einer Tonspur versehen wurde, entfielen die Probleme, die etwa beim Viragieren entstanden. Das Ergebnis waren durchaus naturnahe Farbwerte.

Das Technicolor-Verfahren war bereits 1932 ausgereift, aber der Anteil von Filmen, die schwarzweiße und farbige Sequenzen enthielten, nahm in den 1930er Jahren

Judy Garlands Filmkarriere begann 1935 mit einem Vertrag bei MGM, für die sie bis 1950 arbeitete. Zahlreiche private und gesundheitliche Probleme begleiteten ihre Karriere. Garland starb 1969 an einer Überdosis Drogen.

wieder ab. Eingesetzt wurde der Farbfilm insbesondere, um verschiedene Erzählebenen zu unterscheiden. In »Der Zauberer von Oz« (1939) beispielsweise trennten farbige Bilder die Phantasien des Mädchens Dorothy (Judy Garland) von der schwarzweißen Realhandlung. Die meisten Farbfilme waren Zeichentrickfilme, Musicals, Western oder Historienfilme. Für die populären Genres des Gangster- und Horrorfilms schien dagegen Schwarzweiß besser geeignet zu sein. Doch der Trend zum Farbfilm war nicht aufzuhalten, von 1945 bis 1955 stieg der Anteil von Farbfilmen von 8 auf 50 Prozent.

Das Bildformat

Auch das Breitwandformat mit seinem größeren Seitenverhältnis und opulenteren Bild als das bisherige Academy-Format (1,33:1 bzw. 4:3) stand bereits um 1930 zur Verfügung, setzte sich jedoch erst in den 1950er Jahren, also etwa zeitgleich mit dem Farbfilm, bei Produktion und Publikum durch. Erste Breitwandformate wie Grandeur, Realife, Vitascope, Magnafilm oder Natural Vision, die bis auf Magnascope alle auf breiterem Filmnegativ-Material beruhten und auf großen Leinwänden einen spürbaren Qualitätsgewinn brachten, setzten sich aufgrund zu hoher Kosten nicht durch. Die Umstellung auf neue Technologien verschlang große Summen bei der Produktion sowie bei der Umrüstung der Kinos. Als in den 1950er Jahren die Zuschauerzahlen aufgrund gewandelter Lebensverhältnisse, veränderten Freizeitverhaltens und der Konkurrenz durch das neue Medium Fernsehen zurück gingen, suchte Hollywoods Filmindustrie nach neuen Attraktionen, die das Publikum in die Kinosäle zurückholen sollten. Schließlich waren die Besucherzahlen von 90 Millionen im Jahr 1948 auf 51 Millionen im Jahr 1952 eingebrochen. Nicht nur der Einsatz von Farbfilmen, sondern auch ein neues, vom bisherigen Standard abweichendes Format sollte den Erfolg des Kinofilms zurück bringen. Breitwandformate kombiniert mit Farbfilmen schienen ein probates Mittel, der kontrastarmen Mattscheibe des (noch) schwarzweißen Fernsehens Paroli zu bieten.

Cinerama hieß eines der vielen Verfahren, die das Filmerlebnis zu einem unvergesslichen Ereignis machen sollten. Mit drei Projektoren wurde ein panoramaartiges Filmbild mit einem Seitenverhältnis von 2.65:1 auf eine große, stark gekrümmte Leinwand projiziert. Der erste Film, der im Cinerama-Format gezeigt wurde, lief aufgrund noch nicht installierter Technik nur in wenigen Kinos und hieß bezeichnenderweise »Das ist Cinerama« (1952). Die Sensation aber war perfekt, der Film sorgte für einen Einnahmerekord. Danach wurde Cinerama in erster Linie für Reiseberichte verwendet. 1963 kam bereits das Ende von Cinerama, als das 70-mm-Verfahren Ultra Panavision ein ähnliches Format (2,77:1) mit nur einem einzigen Projektor vorführen konnte.

Erst mit dem seit 1953 gebräuchlichen, von Twentieth Century Fox entwickelten CinemaScope-Verfahren wurde schließlich ein Industriestandard gefunden, der bis heute angewendet wird. Der Vorteil gegenüber Verfahren wie Cinerama lag darin, dass CinemaScope nur einen einzigen Filmstreifen und Projektor benötigte und sämtliche Filminformationen, also Bild und Ton, auf einem nur 35 mm breiten Filmstreifen untergebracht werden konnten. Erreicht wurde dies durch ein so genanntes anamorphotisches Objektiv, dass das Bild bei der Aufnahme stauchte und bei der Projektion wieder entzerrte. Die Perforation wurde weiter außen angebracht, damit die Tonspur das Bildformat nicht zu sehr einschränkte. Das mit Hilfe des Objektivs theoretisch mögliche Format mit einem Seitenverhältnis von 2,55:1 wurde auf diese Weise nur leicht auf 2,33:1 reduziert. Das neue Filmmaterial war eine Entwick-

Das erweiterte Sichtfeld des Cinerama-Formats verstärkte den Realitätseindruck von Filmen erheblich. Probleme bereitete aber nicht nur die umständliche Benutzung von drei Kameras bei der Aufnahme, sondern auch die Synchronisation der drei Filmstreifen sowie die Übereinstimmung von Bildstrukturen und Helligkeitswerten an den Nahtstellen der drei Filmabschnitte bei der Projektion.

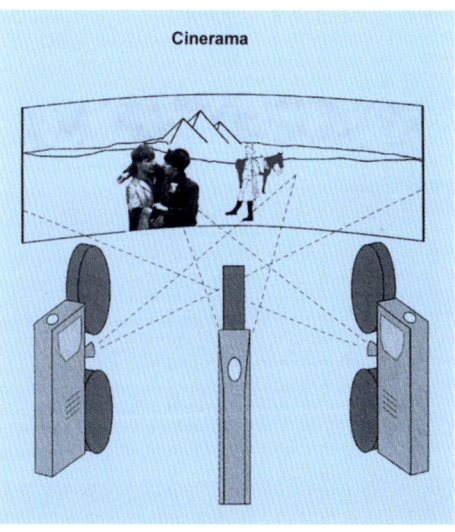

Cinerama

Nach Stanley Kubricks »2001 – Odyssee im Weltraum« (1968) gelang 1977 mit »Star Wars – Krieg der Sterne« eine Wiederbelebung des Science-Fiction-Genres. Zugleich lieferte George Lucas' Weltraumspektakel die Vorlage für den Siegeszug von Computerspielen, in denen die rasanten Weltraumschlachten auf nur wenige Zoll großen Monitoren simuliert wurden.

lung von Eastman Kodak und beruhte auf einer Entwicklung der deutschen Firma Agfa. Anders als Technicolor besaß der neue Film drei Emulsionsschichten auf einem einzigen Streifen (Tripack-Film), die für je eine der drei Lichtfarben Blau, Rot und Grün empfindlich waren. Die Kombination aus einstreifigem 35-mm-Farbfilm mit Tonspur und komprimierter Bildinformation auf dem ebenfalls neuentwickelten und haltbareren Acetatfilm bedeutete nicht nur das Ende des Monopols von Technicolor beim Farbfilm, sondern zugleich auch den Durchbruch eines bei der Filmherstellung und -vorführung leicht zu handhabenden farbigen Breitwandformats. Einzig Paramount hielt zunächst noch an seinem VistaVision-Format fest, nahm davon aber 1957 Abschied, weil in der Zwischenzeit 85 Prozent aller Abspielstätten in den USA und Kanada mit CinemaScope-Technik ausgestattet waren. Andere, qualitativ hochwertigere Breitwandformate blieben Premierenvorführungen vorbehalten, die in speziell ausgerüsteten, exklusiven Filmtheatern abgespielt werden konnten. Dazu zählten das Todd-AO- und MGMs Camera-65-Format sowie Ultra Panavision 70 und Super Technirama 70. Einige Regisseure bemängelten an den neuen Breitwandformaten die eingeschränkte Brauchbarkeit bei der Abbildung von Personen. Letztlich waren es vor allem die Gegebenheiten in den Kinos, die den Einsatz des Breitwandformats erschwerten. Als in den 1970er Jahren viele Kinosäle verkleinert wurden, und die Leinwandflächen schrumpften, tendierte die Filmproduktion zu schmaleren Formaten mit einem Seitenverhältnis von 1,85:1 in USA und 1,66:1 in Europa.

Die Verwendung von Farbfilm und breiteren Filmformaten brachte nicht nur neue künstlerische Gestaltungsmöglichkeiten (und Beschränkungen), sie übte auch eine große Anziehungskraft auf das Publikum aus und half der Filmindustrie aus der Misere. Sie ist daher mit dem Umbruch vergleichbar, den die Entwicklung des Tonfilms bedeutete. Und seit »Star Wars – Krieg der Sterne« (1977) erfährt Hollywood eine dritte, wegweisende Entwicklungsphase, deren Folgen noch gar nicht absehbar sind: die digitale Revolution der Filmproduktion und -vorführung.

Die Aufnahmetechnik

Während der Zoom nur eine kurze Karriere in Hollywood hatte, war die Weiterentwicklung der Schärfentiefe *(deep focus)* von großer Bedeutung. Kurze Brennweiten und kleine Blendendurchmesser garantierten, dass alle abgefilmten Gegenstände und Figuren, gleichgültig ob nah vor der Kamera oder weiter entfernt platziert, gleichmäßig scharf abgebildet werden konnten. Der unter der Regie von Orson Welles entstandene und als eines der bedeutendsten Zelluloidwerke in die Filmgeschichte eingegangene »Citizen Kane« (1941) machte von dieser neuen

Errungenschaft der Kameraobjektive-Entwicklung intensiven Gebrauch. Die Verwendung von stärkerem Licht, nötig geworden durch den vergleichsweise lichtschwachen Technicolor-Farbfilm, ermöglichte eine weitere Steigerung der Schärfentiefe, weil die Blende nun noch kleiner gewählt werden konnte. Hinzu kamen Entwicklungen wie stärker lichtempfindliches Filmmaterial sowie beschichtete Linsen, die mehr Licht durch das Objektiv ließen. Und die großen, in schalldichten Kästen untergebrachten lauten Kameras wurden durch neue, kleine Kameras mit interner Schalldämpfung ersetzt, was auch der Beweglichkeit zu Gute kam. Die Aufnahmetechnik merzte nach und nach die materialbedingten Nachteile aus, doch erst die Computertechnologie scheint in der Lage, das Medium Film von den Zwängen der mechanischen Reproduktion zu befreien – wobei nun aber eine Abhängigkeit von Software-Programmierern und Hardwareherstellern droht.

Orson Welles' Filmdebüt in Hollywood, »Citizen Kane« (1941), erzählte die Geschichte des Aufstiegs von Charles Foster Kane zum Zeitungsmagnaten in einer multiperspektivischen Rückblendenerzählung. Der nicht-lineare Erzählstil, der das Leben Kanes mit Hilfe von Erinnerungsfragmenten seiner Wegbegleiter rekonstruierte, war für Hollywood damals revolutionär.

Die personellen Grundlagen des Erfolgs
Studiobosse und Produzenten

Lange Zeit waren sie die unumstrittenen Herrscher über den Studiobetrieb Hollywoods: die Studiobosse und Filmmoguln, die *executive producers* der großen Filmfirmen und die umtriebigen unabhängigen Produzenten. Zuständig für die Beschaffung von Kapital und Material, aber auch für Talentsuche und inhaltliche Ausrichtung des Films, verantworteten sie alle Produktionsabläufe von der Idee bis zu Filmherstellung,

Vertrieb und Aufführung. Als Organisatoren mit Verantwortung für die künstlerischen und wirtschaftlichen Grundlagen bei der Realisation von Filmprojekten mussten Studiobosse und *executive producer* über ein hohes Maß an ökonomischem, ästhetischem und juristischem Sachverstand verfügen. Daran hat sich bis heute wenig geändert. Nicht von ungefähr haben alle großen Filmverantwortlichen Hollywoods ihr Handwerk von der Pike auf gelernt und oftmals bereits im Kindes- und Jugendalter das raue Geschäft der Unterhaltungsindustrie erlebt. Neben den mächtigen Entscheidungsträgern

Adolph Zukor (Famous Players Lasky, später Paramount), der ›Napoleon‹ Hollywoods, der das Starsystem begründete, war selbst ein Medienstar.

der Filmindustrie gab es auch unzählige Produzenten als bezahlte Angestellte der Studios. Sie waren mit konkreten Projekten betraut, für die ein vorher festgelegtes Budget zur Verfügung stand, und mussten mit ebenfalls zuvor zusammengestellten Filmteams und Besetzungen arbeiten. Diese Produzenten waren gegenüber dem *executive producer* oder dem Studioboss (zumeist Vizepräsident der Firma) Rechenschaft über den Fortschritt der Arbeiten am Filmprojekt schuldig. Nur wenige dieser Studioangestellten konnten sich einen eigenen Namen machen. Zu den Ausnahmen gehören Val Lewton, der für RKOs Horrorfilm-Produktion zuständig war, und Arthur Freed, der für MGMs Musical-Abteilung arbeitete.

Bis zum Ende des klassischen Studiosystems von Hollywood um das Jahr 1960 kontrollierten mächtige Firmenchefs, eigenwillige Studiobosse und mutige, unabhängige Produzenten die Filmproduktion und bestimmten Hollywoods Filmpolitik. Allen voran Adolph Zukor von Paramount Pictures. Der Unternehmer begann seine Karriere 1903 im Spielhallengeschäft. Zwischen 1904 und 1912 war Zukor Finanzverwalter von Marcus Loews Filmtheaterkette. 1912 erwarb er die Rechte an der britisch-französischen Produktion »Königin Elisabeth« mit Sarah Bernhardt in der Hauptrolle und machte ein kleines Vermögen als exklusiver Vertreiber des Films. Im selben Jahr trennte er sich von Loew und gründete seine eigene Filmproduktionsfirma Famous Players, deren Werbespruch »Famous Players in Famous Plays« berühmt wurde. Zukor hatte als erster die Idee, Filme nach erfolgreichen Broadway-Stücken zu produzieren und dafür die entsprechenden Bühnenschauspieler vom Broadway zu engagieren. Mit den Adaptionen der Bühnenstücke »Der Graf von Monte Christo« (1913) und »Der Gefangene von Zenda« (1913) wurde Zukors Firma bald berühmt. 1916 fusionierte Famous Players mit Jesse L. Laskys Feature Play Company, und Zukor wurde ihr Präsident. 1917 wurde er Chef von Paramount, der Vertriebsfirma von Famous Players Lasky, und 1935 Vorsitzender des Direktoriums von Paramount Pictures, wie sich die Firma fortan nannte. Zukor erkannte schnell das wirtschaftliche Potenzial des Starsystems und zahlte seinen Schauspielern hohe Gehälter. Zu seinen Pionierleistungen zählt die frühe Einsicht, dass erst der Besitz der Kinoketten, in denen die eigenen Produktionen gezeigt wurden, wirtschaftlichen Erfolg garantierte. Zukors Paramount war die erste Firma, die das Prinzip der vertikalen Integration, d.h. der Kontrolle aller wichtigen Bereiche des Filmgeschäfts, praktizierte. Zukor starb 1976 im Alter von 103 Jahren.

Ein anderer Filmmogul Hollywoods war Marcus Loew. Er erwarb und betrieb gemeinsam mit Adolph Zukor bis 1912 Vergnügungs- und Spielhallen mit Filmvorführungen in Manhattan und Cincinnati. Angezogen von der

Marcus Loew
(Loew's/MGM)

großen Popularität des neuen Mediums, besaß Loew bereits 1907 40 Nickelodeons. Danach kaufte seine Firma, Loew's Theatrical Enterprises, nach und nach größere Theater für Kombinationen aus Vaudeville- und Filmvorführungen. Seit 1920 begann Loew, eines der größten Studios der Filmgeschichte aufzubauen: Metro-Goldwyn-Mayer (MGM). Seine geschickte Geschäftsführung auf Basis kontrollierter Konsolidierung und Expansion hatte großen Anteil daran, dass Hollywood Zentrum der Filmindustrie wurde. Loew machte mit seinem Filmgeschäft ein großes Vermögen, erlebte den weltweit einmaligen Erfolg seines Filmimperiums allerdings nicht mehr, denn er starb 1927 an Herzversagen.

William Fox, Begründer der Fox Film Corporation und späteren Twentieth Century Fox, erwarb 1904 ein Nickelodeon in Brooklyn, das zum Ausgangspunkt seiner Kinokette wurde. Als Chef der Filmvertriebsfirma Greater New York Film Rental Company führte er bis 1913 einen langen, aber erfolgreichen Rechtsstreit mit der MPPC, dem New Yorker Filmkartell, der es ihm ermöglichte, seine Kinos mit selbstproduzierten Filmen zu beliefern. Zu dieser Zeit war Fox einer der mächtigsten unabhängigen Produzenten des Filmgeschäfts. 1915 zog Fox mit seiner Firma nach Los Angeles um und nannte sie Fox Film Corporation. Obwohl er aufgrund seiner rücksichtslosen Patentpolitik nicht sehr beliebt war, schufen einige seiner Leistungen doch unentbehrliche Voraussetzungen für den Erfolg des Studiosystems. So war er es, der noch vor Adolph Zukor Hollywoods Starsystem erfand und die Schauspielerin Theda Bara zum ersten Hollywoodstar machte. Mit seinen wöchentlichen vertonten Nachrichtenfilmen war William Fox einer der bedeutendsten Förderer des Tonfilms in Hollywood. Er erwarb das Patent auf das Lichtton-Verfahren Movietone, bei dem der Filmton in optische Filminformationen umgewandelt wurde, um bei der Projektion wieder in akustische Signale zurückgewandelt zu werden. Fox war auch einer der ersten, der europäische Regisseure nach Hollywood holte und mit ihnen große Erfolge feierte. Dennoch musste er 1936 seinen Bankrott erklären und wurde nach einem Bestechungsversuch in Zusammenhang mit seinem Liquidationsverfahren 1941 zu einem Jahr Haft verurteilt. Als er nach einem halben Jahr vorzeitig entlassen wurde, war er in Hollywood nicht mehr willkommen. Doch seine zahlreichen Patente auf Filmtechnologien sicherten ihm den Lebensunterhalt. Aus der Filmindustrie Hollywoods, die ihre Erfolge vielen seiner Ideen verdankte, blieb er fortan ausgeschlossen. William Fox starb 1952, bei seiner Beerdigung war kein Repräsentant der Filmindustrie anwesend.

Carl Laemmle war der Begründer der Universal Pictures und einer der gutmütigsten und am wenigsten neurotischen Studiobosse Hollywoods. Auch Laemmle begann mit dem Erwerb eines Nickelodeons und gründete bald danach eine eigene Filmvertriebsfirma, die zur größten der USA werden sollte. 1909 produzierte Laemmle seinen ersten Film »Hiawatha« und gründete seine Filmfirma Independent Moving Pictures Co. of America (IMP). Zu dieser Zeit war Laemmle einer der Wortführer der unabhängigen Produzenten, die sich gegen die Monopolbestrebungen der MPPC wendeten. 1912 formte Laemmle aus seiner Firma und zahlreichen kleineren die Universal Film Manufacturing Company, die bald zur führenden Filmproduktion aufstieg. 1915 wurde Laemmles Filmstudio Universal City in der Nähe von Hollywood errichtet. Unter Laemmle entstanden Prestigefilme des Regisseurs Erich von Stroheim wie »Blinde Ehemänner« (1919) und »Närrische Weiber« (1922). Den Großteil der Produktion bestritt Laemmle aber mit kostengünstigen Western und Melodramen.

Carl Laemmle zeichnete auch für die Karriere von Irving Thalberg verantwortlich, der bereits mit 21 Jahren zum Studioleiter von Universal in Hollywood wurde. Der intelligente und ambitionierte Thalberg wechselte

Irving Thalberg (Universal, anschließend MGM)

1923 zu MGM und verantwortete das Image des Studios. Er bekam die Oberaufsicht über den gesamten Produktionsprozess und hatte von Anfang an sogar das Recht zum *final cut*, der vollen Kontrolle über den letzten Filmschnitt, bevor das Produkt in den Vertrieb kam. Dies war für einen Studio-Neuling durchaus ungewöhnlich. Thalberg hatte ein feines Gespür für den Publikumsgeschmack und so entstanden kommerzielle Erfolge wie »Meuterei auf der Bounty« (1935) oder »Romeo und Julia« (1936). Daneben verhalf er den Marx Brothers zu neuem Ruhm und produzierte deren »Skandal in der Oper« (1935) und »Die Marx Brothers: Ein Tag beim Rennen« (1937). Multitalent Thalberg war auch Bindeglied zwischen Studiodirektion und Finanzmanagement. Er förderte das Starsystem und entdeckte zahlreiche Filmstars. Im Alter von nur 37 Jahren starb Thalberg an Lungenentzündung. Die Academy of Motion Picture Arts and Sciences ehrte ihn posthum mit der Stiftung des Irving G. Thalberg Memorial Award, der seither für herausragende Produktionsleistungen vergeben wird.

MGMs Politik der Qualitätsfilme ging auf Louis B. Mayer zurück, den Patriarchen des nobelsten Hollywood-Studios.

In seiner Zeit bei MGM war Irving Thalberg die Nummer Zwei hinter Eigentümer Louis B. Mayer. Der 1885 in Russland geborene Mayer leitete MGM, das größte und eleganteste Filmstudio, mehr als 30 Jahre lang. Wie die meisten Filmmoguln begann Mayer im Jahr 1907 mit einem kleinen Nickelodeon und erwarb bis 1918 eine komplette Filmtheaterkette. Um seine Kinos mit Filmangeboten füllen zu können, gründete er in Hollywood zwei Produktionsfirmen, die Louis B. Mayer Pictures und die Metro Pictures Corporation. 1924 schlossen sich Mayers Firmen mit Goldwyn Pictures Corporation zu Metro-Goldwyn-Mayer (MGM) zusammen, die er selbst leitete. MGM-Filme mieden kontroverse Themen und setzten auf prächtige Kulissen, bezaubernde Kostüme und schöne Frauen. Glamouröse Stars wie Greta Garbo, Joan Crawford, Rudolph Valentino oder Clark Gable waren Mayers Entdeckungen. Nach 1948 zog sich Mayer aus dem Filmgeschäft zurück.

Als Mayer 1924 mit Goldwyn Pictures Corporation fusionierte, war Namensgeber Samuel Goldwyn – eigentlich Shmuel Gelbfisz – bereits entlassen worden. Der für seinen übertriebenen Ehrgeiz bekannte Filmproduzent und begabte Selbstdarsteller überredete 1913 Theaterproduzent Jesse L. Lasky, mit ihm in das Filmgeschäft einzusteigen. Laskys Produktionsfirma fusionierte 1916 mit Zukors Famous Players. Der eigensinnige ›Goldfish‹ verstand sich nicht mit Zukor und gründete mit den Selwyn-Brüdern Edgar und Archibald eine eigene Filmproduktion, die aus beiden Namen zusammengesetzte Goldwyn Pictures Corporation, die er 1922 nach Querelen verlassen musste. Er behielt den Namen Goldwyn; 1923 eröffnete er die Samuel Goldwyn Productions, die bald bekannt war für ihre teuren Qualitätsproduktionen, die Goldwyn bei Universal und RKO vertrieb. Goldwyn war einer der ersten, die namhafte Autoren wie Sinclair Lewis und Sherwood Anderson verpflichteten. Er hatte einige spätere Stars unter Vertrag, darunter Gary Cooper und David Niven, die er für viel Geld verlieh. Der auch bei seinen Angestellten unbeliebte Goldwyn blieb vor allem Dank der Filme des Gespanns William Wyler (Regie) und Gregg Toland (Kamera) in Erinnerung (»Die besten Jahre unseres Lebens« 1946). Alles in allem nahm Goldwyn eine Mittelstellung unter Hollywoods erfolgreichen Produzenten ein. Solange er keine eigene Firma leitete, gelang es ihm immer wieder, innerhalb der Major Studios eigene unabhängige Produktionseinheiten anzuführen, über die er volle finanzielle und künstlerische Kontrolle ausübte.

Produzent Samuel Goldwyn engagierte ausschließlich die besten Autoren, Regisseure, Schauspieler und Kameraleute, weshalb seine Filme stets zu den hochwertigsten Produktionen Hollywoods gehörten.

David O. Selznick dagegen war der Prototyp des unabhängigen kreativen Produzenten und wurde bekannt für seine kommerziell erfolgreichen und kunstfertigen Filme. Der Sohn des Stummfilm-Regisseurs und Filmproduzenten Lewis J. Selznick kam bereits früh mit dem Filmgeschäft in Kontakt. In der Firma seines Vaters arbeitete Selznick in Produktion und Vertrieb. Nach dem Konkurs des väterlichen Unternehmens versuchte er sich erfolglos an Dokumentarfilmen, bevor er 1926 bei einem ehemaligen Partner seines Vaters, Louis B. Mayer

(MGM), Arbeit fand. Innerhalb von zehn Jahren stieg Selznick bei MGM, Paramount und RKO vom Drehbuchkorrektor zum Produzenten auf und gründete 1936 seine eigene Produktionsfirma Selznick International. Extravagante Melodramen wie »Dinner um acht« (1933) und »Ein Stern geht auf« (1937) sowie Literaturverfilmungen wie »David Copperfield« (1935) und »Anna Karenina« (1935) machten Selznick berühmt. Seinen größten Erfolg feierte er mit »Vom Winde verweht« (1939), der 1940 insgesamt zehn Oscars gewann und zu einem der größten Kassenerfolge der Filmgeschichte wurde. Außerdem produzierte Selznick einige Filme des neu nach Hollywood übergesiedelten Alfred Hitchcock (u. a. »Rebecca« 1940).

Der anfangs bei den Warner Brothers angestellte Produzent Darryl F. Zanuck war einer der einflussreichsten Figuren des Systems. Nach Jahren der Arbeit unter Filmgrößen wie Mack Sennett, Charles Chaplin und Carl Laemmle ging Zanuck 1924 zu Warner Brothers. 1928 wurde er Studiomanager, und bereits im darauf folgenden Jahr war er verantwortlich für die Filmproduktion bei Warner. Als rechte Hand von Studioboss Jack Warner meisterte Zanuck zu Beginn der 1930er Jahre den Übergang vom Stummfilm zum Tonfilm und produzierte sehr erfolgreiche Gangsterfilme, Sozialdramen und Musicals. Nach Meinungsverschiedenheiten über die Studiopolitik trennte er sich von Warner Brothers und gründete 1933 mit Joseph Schenck, dem Präsidenten von United Artists, eine der vielversprechendsten unabhängigen Produktionsfirmen Hollywoods, die Twentieth Century Pictures, die nach nur zwei Jahren mit der Fox Film Corporation fusionierte. Als Produktionschef von Twentieth Century Fox produzierte Zanuck so bedeutende Filme wie »Früchte des Zorns« (1940) und »Schlagende Wetter« (1941). Trotzdem fehlte seinen Produktionen das gewisse Etwas, das die Filme der anderen Major Studios auszeichnete. 1956 trat Zanuck von seiner Position zurück, kam in den 1960er Jahren aber nochmals erfolgreich wieder (»Der längste Tag« 1962, »Meine Lieder – meine

Träume« 1965). Mit einer Bilanz von über 165 Filmen begab sich Zanuck als letzter der Studiobosse 1971 in den Ruhestand.

Mit mehr als 400 Filmen übertraf Hal B. Wallis' Produktion Zanucks Werk um ein Vielfaches. Wallis kam 1923 zu Warner und wurde 1928 Studiomanager, bevor er 1931 von dem mächtigen Zanuck aus der Position verdrängt wurde. Wallis' Produktion »Der kleine Caesar« (1930) war Auftakt zu einer Reihe von Gangsterfilmen, die zu einem Markenzeichen von Warner wurden. Als Zanuck 1933 Warner verließ, kehrte Wallis als *executive producer* zurück und produzierte einige der erfolgreichsten Filme Hollywoods, darunter »Robin Hood, König der Vagabunden« (1938), »Opfer einer großen Liebe« (1939), »Die Spur des Falken« (1941) und »Casablanca« (1942). Neben finanziellem Geschick hatte Wallis auch ein Händchen bei Wahl und Einsatz des künstlerischen Personals. Wallis entdeckte die Schauspieler Kirk Douglas und Burt Lancaster und förderte die Karrieren von Humphrey Bogart, James Cagney, Montgomery Clift, Bette Davis, Paul Muni, Edward G. Robinson sowie Dean Martin und Jerry Lewis. Nach 1944 arbeitete Wallis als unabhängiger Produzent für Warner Brothers, Paramount und Universal Pictures (»Die tätowierte Rose« 1955, »Zwei rechnen ab« 1957, »Becket« 1964, »Königin für tausend Tage« 1969, »Maria Stuart, Königin von Schottland« 1971).

Das in Hollywoods klassischer Studio-Phase so erfolgreiche, aber zuweilen auch exzentrische Produzenten-Modell wich später moderneren Management-Strukturen. Nachdem sich infolge des Paramount-Urteils die großen Filmfirmen von ihren Kinoketten trennen mussten, setzte sich die unabhängige Filmproduktion in Hollywood durch. Die Macht der Studiobesitzer nahm ab und das Berufsbild des bislang angestellten Produzenten veränderte sich. Hollywoods Produzenten sind

Der Monumentalfilm »Intoleranz« (1915), der vier zeitlich und räumlich voneinander unabhängige Geschichten über das Thema Intoleranz in Parallelmontagen miteinander verband, wurde auf Weisung Lenins in die Sowjetunion importiert, wo seine Erzähltechnik unter anderem Sergej Eisenstein und Vsevolod Pudowkin beeinflusste.

Geschäftspartner der Studios, Filmvertriebe und sonstiger Geldgeber der Filmindustrie geworden. Der Produzent investiert in die nötigen Mittel zur Filmherstellung, engagiert Regisseure, wirbt Stars und Schauspieler für sein Projekt an und bietet sein Produktpaket finanzstarken Geldgebern an in der Hoffnung, damit Profit zu erzielen. Durch die Vergabe von Aufträgen an unabhängige Produzenten konnten die Produktionskosten gesenkt und die Produktion selbst flexibler gestaltet werden. Das Fehlen von Studiobossen und Filmmoguln mag einer der Gründe dafür sein, dass Hollywoods Produktionen inzwischen oftmals entweder zu blass oder überproduziert daherkommen. Die Kreativität, die die exzentrischen Filmverantwortlichen zu ihrer Zeit freisetzten, fehlt in so mancher jüngeren Produktion.

Regisseure

Sowohl während der Frühphase des Films, als Regisseure oftmals ihre eigenen Kameramänner, Drehbuchautoren und Produzenten waren, als auch im entwickelten arbeitsteiligen Produktionssystem Hollywoods wurden Filme immer wieder mit den Namen namhafter Regisseure in Verbindung gebracht. Obwohl es wie bei den Produzenten große Unterschiede bei Mitwirkung und Mitsprache an der Filmgestaltung gab, wurden die Regisseure letztlich für die künstlerische Qualität des Produkts verantwortlich gemacht.

Regisseuren obliegt zum einen die Gestaltung der *mise en scène*, d.h. der methodischen Inszenierung des beweglichen Zusammenspiels von Figuren und Gegenständen vor der Kamera; zum anderen verantwortet der Regisseur die Koordination von Kameraarbeit und Beleuchtungstechnik, die Übersetzung des Drehbuchs in Anweisungen für die Schauspieler sowie die Kontrolle von Architektur und Bühnengestaltung, Requisiten und Kostümen. Die Regie besetzt also eine wichtige kreative und technische Funktionsstelle innerhalb des Produktionsablaufes. Auch wenn diese Zuspitzung auf eine Person der Praxis der Filmproduktion nicht immer gerecht wurde, entdeckte die Filmindustrie doch sehr bald,

1938 erregte Orson Welles Aufsehen mit dem von ihm im Stil einer Radionachrichtenreportage vorgetragenen Hörspieldrama nach H.G. Wells' »War of the Worlds«. Tausende Zuhörer gerieten dabei in Panik – und Hollywood wurde auf das Talent aufmerksam.

dass auch Regisseure zu werbeträchtigen Berühmtheiten werden konnten, selbst wenn sie nicht auf der Leinwand zu sehen waren. In der Frühphase des Films, als Regisseure noch beinahe alle Freiheiten besaßen, erschienen ihre Namen auf Filmplakaten oftmals in größeren Lettern als die der jeweiligen Schauspieler.

David W. Griffith (»Intoleranz« 1916) Rex Ingram (»Die vier apokalyptischen Reiter« 1921), Cecil B. DeMille (»Die zehn Gebote« 1923), Charles Chaplin (»Ein Hundeleben« 1918, »Goldrausch« 1925), Buster Keaton (»Buster Keaton – Sherlock Junior« 1924, »Der Kameramann« 1928), Erich von Strohheim (»Närrische Weiber« 1922, »Gier nach Geld« 1924) und King Vidor (»Die große Parade« 1925, »Ein Mensch der Masse« 1928) gehörten zu den populärsten Regisseuren des frühen Kinos und hatten zum Teil auch später in Hollywood großen Erfolg. Erst 1922 begannen die großen Studios allmählich damit, den

mächtigen Regisseuren die Kontrolle über ihre Produkte zu entziehen. Die Auswahl von Drehbuch, Schauspielern, Aufnahmentechnikern und Filmschnitt wurde nun von den verantwortlichen Koordinatoren der Studios selbst übernommen. Regisseure wurden zu Angestellten der Studios, denen in der Regel stets ein verantwortlicher Produzent bei der Arbeit über die Schulter schaute, der zugleich das Recht zum letzten Schnitt bzw. zur Abnahme der Endfassung des Filmes hatte. Um den Beschränkungen durch die rationalisierte Produktionsweise des Studiosystems zu entgehen, schlossen Regisseure wie Howard Hawks Verträge mit den großen Studios ab, wodurch sie als Regisseure und Produzenten zugleich angestellt wurden. Alfred Hitchcock etwa vermied allzu große Eingriffe in seine Filme dadurch, dass er schon während der Herstellung alles so arrangierte, dass später beim Schnitt kaum noch Änderungen möglich waren. Doch nur wenige Regisseure verfügten über genügend Autorität, um sich solchen Eingriffen zu widersetzen, darunter auch John Ford, Ernst Lubitsch,

Howard Hawks (rechts) war einer der virtuosesten Regisseure Hollywoods. Sein unverkennbarer Stil und Erfolg in vielen Genres verhalfen ihm in Hollywood zu vergleichsweise großer Selbständigkeit.

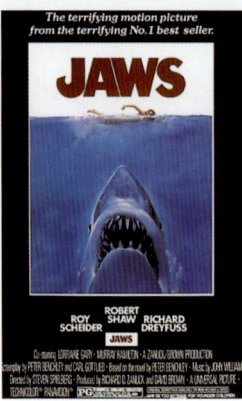

»Der weiße Hai« (1974) führte eine Motivtradition der Filmgeschichte fort, in der überdimensionale Tiermonster unschuldige Menschen bedrohten. Seine ›Ahnengalerie‹ reichte von »Tarantula« (1955) über »Moby Dick« (1956) bis zu »Die Vögel« (1963).

Otto Preminger, George Stevens, Billy Wilder und William Wyler. Frank Capra (»Ist das Leben nicht schön?« 1946), William Wyler (»Die kleinen Füchse« 1941) und George Stevens (»Giganten« 1956) gründeten 1940 sogar eine eigene Produktionsfirma namens Liberty Films, in der sie als Regisseure und Produzenten ihre künstlerische Unabhängigkeit und Entscheidungsgewalt aufrecht erhalten konnten. Obwohl dieses Modell finanziell nicht erfolgreich war, diente es als Vorbild. In den 1950er und 1960er Jahren versuchten auch Robert Aldrich (»Rattennest« 1955), Otto Preminger (»Anatomie eines Mordes« 1959), Samuel Fuller (»Alles auf eine Karte« 1961) und Sam Peckinpah (»Sie kannten kein Gesetz« 1969), ihren Gestaltungsspielraum in einer Doppelfunktion als Regisseure und Produzenten zu erhalten. Einen eigenständigen und wiedererkennbaren Stil entwickelten unter anderem Richard Brooks, George Cukor, Michael Curtiz, William Dieterle, John Huston, Elia Kazan, Henry King, Joseph Losey, Rouben Mamoulian, Anthony Mann, Vincente Minnelli, Nicholas Ray, Robert Siodmak, Douglas Sirk, Josef von Sternberg, Erich von Stroheim, John Sturges, Raoul Walsh und Fred Zinnemann. Insgesamt jedoch waren während Hollywoods Studio-Ära nur wenige Regisseure in der Position, Kontrolle über das eigene Produkt auszuüben und ihm ihren Stempel aufzudrücken. Filme konnten eher anhand ihres studiotypischen *looks* identifiziert werden als anhand der Handschrift ihrer Regisseure. Selbst Regiegrößen wie Orson Welles gerieten ein ums andere Mal mit Geldgebern und Studiobossen in Konflikt.

Erst der Zerfall des klassischen Studiosystems brachte eine Aufwertung des Regisseurs als künstlerischen Direktor. Dies wurde unterstützt von einer intellektuellen filmkritischen Bewegung, die im Regisseur den eigentlicher Urheber des Filmkunstwerks sah. Hinzu kam, dass das Publikum nach etwa 60 Jahren Filmerfahrung und inmitten einer entwickelten Filmkultur von der Industrie kreativere und interessantere Umsetzungen der Geschichten erwartete. Wie bereits zu Hollywoods Anfängen schienen wiederum Regisseure diese Erwartungen erfüllen zu können. Erneut wurden sie zu den heimlichen Berühmtheiten der Filme. Auf Werbeplakaten standen ihre Namen über dem Filmtitel, noch vor den Stars der Filme. Unter den bekannten Regisseuren dieser Zeit fanden sich Namen wie Blake Edwards, George Roy Hill, Sidney Lumet, Alan J. Pakula, Sam Peckinpah, Arthur Penn, Sydney Pollack und Don Siegel.

In den 1970er Jahren waren es Regisseure wie Steven Spielberg (»Der weiße Hai« 1974, »Unheimliche Begegnung der dritten Art« 1977) oder George Lucas (»Star Wars – Krieg der Sterne« 1977), die ihre Kunstprodukte vor den Übergriffen durch Studiobosse und Produzenten schützten, indem sie eigene Firmen gründeten. Insbesondere George Lucas war dabei mit seiner Spezialeffekte-Firma Industrial Light and Magic (ILM) überaus erfolgreich. Zu den bedeutenden Regisseuren der letzten 30 Jahre zählen Joel und Ethan Coen (»Barton Fink« 1991, »Fargo« 1996), Francis Ford Coppola (»Der Pate« 1972, »Apocalypse Now« 1979), Brian de Palma (»Carrie – Des Satans jüngste Tochter« 1976, »Dressed to Kill« 1980), Martin Scorsese (»Hexenkessel« 1973, »Taxi Driver« 1976), Ridley Scott (»Alien« 1979, »Blade Runner« 1982) sowie Quentin Tarantino (»Pulp Fiction« 1994, »Jackie Brown« 1999). In der Regel resultieren wiedererkennbare Filmstile allerdings immer wieder aus der jahrelangen Zusammenarbeit der selben Filmleute, wie z. B. die von Regisseur Alfred Hitchcock und Komponist Bernard Herrmann (»Vertigo – aus dem Reich der Toten« 1958, »Der unsichtbare Dritte« 1959, »Psycho« 1960) oder in jüngerer Zeit Regisseur Jonathan Demme mit Kameramann Tak Fujimoto und Cutter Craig McKay (»Gefährliche Freundin« 1986, »Das Schweigen der Lämmer« 1991, »Philadelphia« 1993).

»Das Schweigen der Lämmer« (1991) spielte psychologisch effektvoll mit gesellschaftlichen Tabus: Anthony Hopkins' schauspielerische Glanzleistung verlieh der Figur des genialen menschenfressenden Psychiaters Hannibal Lecter Kultstatus.

Florence Lawrence war das »Biograph Girl«.

Die Glamourfotografie verdankte Hollywoods Filmgrößen eine

wahre Blütezeit mit Stars wie Greta Garbo, Ingrid Bergman…

Florence Turner wurde als »Vitagraph Girl« bekannt.

Theda Bara war der erste weibliche Filmstar in den USA.

Starsystem

Hollywood kopierte mit dem glamourösen Starsystem das, was sich bei Theater und Oper seit langem bewährt hatte. In ihren Anfängen verzichtete die Filmindustrie ganz auf Namensnennungen beteiligter Personen. Nur die Produktionsfirma wurde im Vorspann und Abspann genannt. Doch Schauspieler, die regelmäßig auf der Leinwand zu sehen waren, wurden bald vom Publikum wiedererkannt. Das Publikum interessierte sich für die vertrauten Gesichter. Es gab ihnen von der Produktionsfirma abgeleitete Namen: »Biograph Girl« für Florence Lawrence, die oft in David W. Griffiths Filmen mitspielte, und »Vitagraph Girl« für Florence Turner, dem Star der Konkurrenzfirma. 1911 erschien das erste Fan-Magazin »The Motion Picture Story Magazine« und Starpostkarten machten die Runde.

Bereits in der Frühphase Hollywoods erkannten die Verantwortlichen in den Studios die Bedeutung von Stars für die Bindung des Publikums an die eigenen Produkte, denn sie steigerten Bekanntheitsgrad und Akzeptanz der Studios. Theda Bara, die von Adolph Zukor für die Fox Film entdeckt wurde, war einer der ersten Stars in Hollywood, der mit Marketingmethoden aufgebaut wurde. Das Image des Stars war besonders wichtig, deshalb wurden nur solche Qualitäten hervorgehoben, die den Star im gewünschten Licht

…Rita Hayworth…

…Marilyn Monroe…

…Joan Crawford…

erscheinen ließen. Aussehen, Verhaltensweisen, Gesten und Mimik, Stimme, Sprachgebrauch und *dress code* bestimmten den Erfolg der Stars. Theda Bara beispielsweise wurde nach ihrem Erfolg als weiblicher Vampir in »A Fool There Was« (1915) mit der Figur des verführerischen Vamp und der Femme fatale identifiziert und war lange Zeit das Sexsymbol Hollywoods. Um sie zu einem Star zu machen, erfanden Werbemanager eine abenteuerliche Biographie: Aus der Tochter eines Schneiderehepaars wurde die Tochter eines französischen Künstlers und einer arabischen Prinzessin; Theodosia Goodman wurde Theda Bara, ein Anagram für *arab death*. Das klang geheimnisvoll und entsprechend dichteten die Vertriebsstrategen von Fox der Bara auch noch übernatürliche Kräfte an. Abbildungen Theda Baras wurden in aufwändigen Arrangements, die sie mit Schlangen und Totenköpfen zeigten, ästhetisch überhöht. Aus der gewöhnlichen Schauspielerin war ein geheimnisvoller, exotischer Filmstar und Publikumsmagnet geworden.

und Barbara Stanwyck

So wie Stars gemeinhin kollektive Wünsche und Sehnsüchte verkörpern, waren sie von Anfang an auf bestimmte Rollenklischees festgelegt, auch wenn es im Laufe der Karrieren leichte Verschiebungen gab: Greta Garbo glänzte durch ihr subtiles und mysteriöses Spiel, Barbara Stanwyck hatte Erfolg mit Rollen als willensstarke unabhängige Frau mit komplexem Charakter,

Filmzeitschriften wie »Picture Play« wurden zum populären Sprachrohr Hollywoods und begleiteten das entstehende Filmgeschäft fast von Anfang an. Der hier abgebildete William S. Hart machte in den ersten Jahrzehnten die Figur des ›good-bad man‹ populär.

Joan Crawford mimte für gewöhnlich die luxuriös gekleidete Karrierefrau, Ingrid Bergman verkörperte aufrichtige und ideale Frauenfiguren, Marilyn Monroe spielte die erotisch-sinnliche Frau und Rita Hayworth galt gar als amerikanische Göttin der Liebe. Auch ihre männlichen Pendants waren auf Rollenklischees festgeschrieben: Douglas Fairbanks war der tollkühne Held und ritterliche Romantiker, Rudolph Valentino der große Liebhaber, Clark Gable der romantische Held, Boris Karloff das böse Monster, James Dean der verstörte jugendliche Held, Marlon Brando der selbstbewusste Charakter und Gary Cooper der sympathische, einfach gestrickte Durchschnittsmann. Die Images der Stars hingen eng mit dem Einsatz der Schauspieler in Genrefilmen zusammen: Charles Chaplin war der komische Stadtstreicher, Humphrey Bogart der coole Privatdetektiv, John Wayne der unnachgiebige, schweigsame Cowboy, Jerry Lewis der tollpatschige Clown und der elegante Fred Astaire zusammen mit seiner temperamentvollen Partnerin Ginger Rogers das Traumpaar des Musicals.

Die Stars bedeuten für Hollywood einen wichtigen Produktions- und Kostenfaktor. Die Sympathien des Publikums für bekannte Darstellerinnen und Darsteller übertrugen sich auf die Studios, banden auf diese Weise die Zuschauer und sicherten die Einnahmen.

Boris Karloff

Douglas Fairbanks

Rudolph Valentino

Stars schienen nicht nur die Qualität eines Films zu garantieren, sondern sorgten auch dafür, dass ein Film unterscheidbar wurde von vergleichbaren Filmen anderer Produktionsfirmen. Da schadete es auch nicht, wenn sensationelle Details aus dem Privatleben bekannt wurden, denn solche Informationen festigten nur das öffentliche Bild der Stars.

Gary Cooper

Die Zugkraft von Stars ist unvermindert groß. Nicht umsonst stiegen in jüngster Zeit die Honorare für so genannte Superstars wie John Travolta oder Bruce Willis bis auf zweistellige Millionenbeträge an. Dies ist auch Folge einer veränderten Vermarktungsstrategie von Filmen in Gesamtpaketen. In deren Kalkulation gehen nicht nur Produktionskosten, sondern auch Merchandisingerlöse für Produkte rund um den Film und die zu erwartenden Gewinne mit ein. Honorare für Stars sind Teil betriebswirtschaftlicher Berechnung: Die Ware Film, wie sie in Hollywood hergestellt wird, lässt sich ohne zugkräftige Stars nur schlecht vermarkten. Und was wäre Hollywood heute ohne Richard Gere und Julia Roberts, Nicolas Cage, George Clooney, Johnny Depp, Leonardo DiCaprio, Michael Douglas, Jodie Foster, Mel Gibson, Hugh Grant, Tom Hanks, Nicole Kidman, Brad Pitt, Kevin Spacey, Meryl Streep und all die anderen, die die Zuschauer immer noch in Scharen in die Filmtheater locken?

Marlon Brando

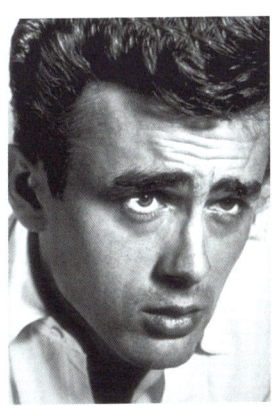

James Dean

Clark Gable

Die künstlerischen Grundlagen des Erfolgs:
Die Ästhetik des Erzählfilms
Der Hollywood-Stil

Das Markenzeichen Hollywood steht keineswegs nur für exzentrische Studiobosse, glamouröse Stars, ausschweifende Filmproduktionen und internationalen Erfolg. Die Filmindustrie Hollywoods verdankt ihre Vormachtstellung vor allem ihren Produkten: Leicht verständlichen Filmen mit einem hohen Wiedererkennungswert. Attraktiv genug, um den Anschein zu erwecken, als hätte es niemals eine andere Form filmischen Erzählens gegeben. Dabei verdankt Hollywood seinen Erzählstil insbesondere europäischen Traditionen in Literatur und Film. Immer noch bilden die massenmedialen Unterhaltungsformen des 19. Jahrhunderts wie der realistische Roman und die Novelle mit ihren auf das Wesentliche begrenzten Figuren, Handlungen und Spielorten die Grundlage des filmischen Erzählens (nicht nur) in Hollywood. Hollywoods Filmindustrie hat es meisterlich verstanden, künstlerische Strukturen und Themen der literarischen Vorbilder in unverwechselbare filmische Ausdrucksformen zu übersetzen, wie z. B. »Frankenstein« (1931) nach Mary Shelleys Roman »Frankenstein« aus dem Jahr 1815, »Im Westen nichts Neues« (1930) nach dem gleichnamigen Roman von Erich Maria Remarque aus dem Jahr 1929, »Früchte des Zorns« (1940) nach John Steinbecks Roman aus dem Jahr 1939 oder »Moby Dick« (1956) nach dem gleichnamigen Roman von Hermann Melville aus dem Jahr 1851. Es bedurfte technischer und künstlerischer Anstrengungen, um das Potenzial des neuen Mediums Film auszuschöpfen. Dies betraf nicht nur die Bildgestaltung und das Zusammenfügen einzelner Aufnahmen in der Montage, man brauchte auch eine Art Bauplan für die Anordnung des gefilmten Materials. Und nicht zuletzt bedurfte es einer geschickten Themenwahl, die den Vorlieben des Publikums entgegenkam. Für alle Bereiche des filmischen Produkts entwickelte Hollywood ästhetische Verfahren, deren Zusammenspiel den so genannten Hollywood-Stil ausmachen.

Die Form des Erzählens

Schon sehr früh wurden unterschiedliche Techniken entwickelt, um den Anforderungen an psychologische Eindeutigkeit, glaubwürdige Motivation, moralische Integrität der Hauptcharaktere, räumlich und zeitlich logische Abläufe sowie Konfliktlösung und Zielerreichung zu genügen. Ausgangspunkt des Filmemachens in Hollywood war zu jeder Zeit, dass der Zuschauer die Geschichten bereits während der Vorführung nachvollziehen konnte. Letztlich trat Hollywoods Filmindustrie an, die populäre Unterhaltungskunst zu beerben und konkurrierte mit der sensationellen Vaudeville-Show, dem Pomp der Oper und der Unmittelbarkeit des Bühnenschauspiels. Bereits aus wirtschaftlichen Gründen lag es da nahe, diese Traditionen mit den eigenen Mitteln fortzuschreiben und sich nicht auf künstlerische Experimente einzulassen. Die ersten Skripte und Drehbücher übernahm man vom Theater und formulierte sie für die Filmproduktion um. Schon bald kristallisierte sich ein standardisiertes Erzählmuster heraus, das sich von den Vorlagen kaum unterschied. Statt neue Wege zu beschreiten, wurden die filmischen Verfahren lediglich den bekannten Formen und Traditionen des Erzählens angepasst.

Das Siedlerepos »Der Planwagen« (1923) stand am Anfang der Erfolgsgeschichte des populärsten Genres Hollywoods: der Western. Trotz der schwachen Geschichte überzeugte der Film Dank opulenter Landschaftsaufnahmen und tadelloser Montage.

Busby Berkeley arbeitete oft mit Spiegeln und speziellen Beleuchtungstechniken verbunden mit einer Schienen-Kamera, die flüssige Bewegungen ermöglichte. Die beinahe surreal anmutende Bildgestaltung sorgte für eindrucksvolle Choreografien und befreite das Musical von den starren Regeln des Genres.

David Bordwell hat in seiner bedeutenden Untersuchung über Erzählstrukturen im Spielfilm (»Narration in the Fiction Film« 1985) die Konventionen klassischer Erzählweisen herausgearbeitet, wie sie insbesondere den Hollywood-Film kennzeichnet: Zunächst werden Handlungsorte und handelnde Charaktere vorgestellt, dann werden Zusammenhänge erklärt und Konflikte angedeutet, anschließend kommt es zu Ereignissen, die die Lage verkomplizieren, danach werden Handlungen und ihre Folgen präsentiert, schließlich wird das Ergebnis aller Handlungen gezeigt und am Schluss eine Lösung für den Konflikt angeboten. Priorität hat dabei die finale Erreichung eines früh im Film definierten Ziels – das selbstredend im Einklang mit den vorherrschenden moralischen Normen stehen muss.

Themen und Genres

Bis heute kreiste die Themenwahl stets um die klassischen Stoffe von Liebe und Tod. Romantische Liebe, Liebeswerben und Eifersucht, Ablehnung und Begehren, Verführung und Sex, das unendliche Beziehungsspiel der Geschlechter auf der einen Seite und Themen wie Gewalt, Verbrechen, Grausamkeit, Mord und Totschlag – wahlweise als Grundübel der Gesellschaft, Überlebensstrategie oder gerechte Bestrafung – auf der anderen Seite. Diese Stoffe bieten nahezu unendlichen Spielraum für Variationen und überraschende Auflösungen.

Die ersten Filmproduktionen wurden nach Handlung und Filmlänge identifiziert. Erst um 1910 herum wurden thematische Vorgaben in Produktästhetiken mit hohem Wiederkennungswert eingebettet, die Genres. Genrezuordnungen boten die Möglichkeit,

Filme unter Oberbegriffen zu gruppieren und so im unübersichtlichen Angebot des Filmmarktes Orientierung zu schaffen und Erwartungen zu steuern. Sie erleichterten die Vergleichbarkeit von Filmen, da sie Erinnerungen an ähnliche Filme wach riefen, die demselben Genre zugeordnet waren. Wenige, aber einflussreiche Filme prägten das kulturelle Bewusstsein von Genres, als Prototypen wurden sie zum Maßstab.

Die Popularität von Genres bot der Filmindustrie zugleich eine Basis für effizientere Filmproduktion. Sie senkten den Produktionsaufwand und das Absatzrisiko. Kulissen und Aufbauten konnten wiederverwendet werden, Schauspieler, Regisseure und Kameraleute entwickelten kostensparende Routinen bei der Filmherstellung, und Marketingstrategien mussten nicht für jeden Film neu entwickelt werden. Leichte Variationen bereits erfolgreicher Filme genügten, um den Erfolg künftiger Produktionen kalkulierbar zu machen. Außerdem verband sich das werbeträchtige Image von Filmstars oftmals mit Genrefilmen, das Publikum wusste, was es von einem bestimmten Schauspieler und den Filmen, in denen er auftrat, zu erwarten hatte. Das Erfolgsrezept des Genrefilms war das Spiel aus Wiederholung und (geringfügiger) Abweichung. Insbesondere die auf kostensparende serielle Herstellungsweisen angewiesene B-Film-Produktion profitierte von Genrefilmen.

Die Zahl der Genrezuordnungen ist inzwischen nahezu unüberschaubar. Eindeutige Klassifikationen sind auch deshalb schwierig, weil der Begriff Genre zu unterschiedlichen Zeiten unterschiedlich gehandhabt wurde, so gab es z. B. neben *western epics* auch *western chase films* und neben *musical romance* auch *musical melodramas*. Dennoch lassen sich einige Genres benennen, die die Filmproduktion in der Zeit des Studiosystems dominiert haben, darunter Musical, Komödie, Western, Gangster- und Horrorfilm.

In den Anfängen Hollywoods feierte zunächst vor allem das Musical große Erfolge. Die Einführung des Tonfilms verhalf diesem Genre zum Durchbruch. Es wurde dominiert von Geschichten, die im Bühnenmilieu spielten. Musikalische Darbietungen wurden in den Handlungsablauf als (vertonte) Äußerungen handelnder Figuren eingebunden. Der bei Warner Brothers unter Vertrag stehende Regisseur Busby Berkeley revolutionierte 1932 mit »Die 42. Straße« das Musical-Genre, indem er die Choreografie als rasantes Bilderarrangement inszenierte, das mit Hilfe von Kränen, senkrechten Aufsichten und dramatischen Untersichten sowie mit schnellen Schnitten Tanz und Musik in grafische Kompositionen

mit ornamentalem Charakter zerlegte. Ginger Rogers und Fred Astaire wurden mit »Swing Time« (1936) kurz darauf zu den Stars dieses Genres. Doch sie gingen ganz andere Wege als Berkeley. Im Unterschied zu Berkeleys Tanzkonzeption bestand Fred Astaire darauf, die Tänzer in der Totalen zu zeigen und die Choreographie ihrer Bewegungen nach Möglichkeit nicht durch Schnitte zu unterbrechen. Die virtuose Kombination aus fließenden Bewegungen der Standardtänze und vorwärtsdrängendem Stepptanz machten Astaires ebenso eleganten wie leichtfüßigen Tanzstil weltberühmt. Die

John Wayne begann als Bühnenbauer bei der Fox Film Corporation, bevor er als Schauspieler in zahlreichen Low-budget-Produktionen mitwirkte. Mit »Ringo« (1939) gelang ihm der Durchbruch als charakterfester und schweigsamer Darsteller, zumeist von Cowboys und Soldaten.

von Astaire geprägte Form der Hinwendung zu Solonummern tanzender Schauspieler und kontinuierlichen Tanzbewegungen setzte für die kommenden drei Jahrzehnte Maßstäbe für die Inszenierung von Musicals.

Western waren anfangs zumeist Kurzfilme, die ihr Publikum eher in Provinztheatern hatten. Erst als Paramount 1923 »Der Planwagen« mit großer Besetzung und vielen Stars in die Kinos brachte, wurde der Western populär. Die Geschichten des Western sind historisch angesiedelt zwischen der Gründungsphase der USA um 1776 und der beginnenden Industrialisierung. Da der Western keinen allzu großen technischen Produktionsaufwand benötigte und vergleichsweise erfolgreich lief, blieb er lange Zeit ein beliebtes Genre der Filmproduktion. John Fords »Das eiserne Pferd« (1924) wurde ein großer Erfolg, ebenso wie »Ringo« (1939), der John Wayne zum wohl berühmtesten Cowboy der Filmgeschichte machte.

Die wechselvolle Geschichte der Komödie begann mit der Stummfilmkomödie, die überwiegend auf physische Aktionen (Slapstick Comedy) setzte und Stars wie Buster Keaton, Charles Chaplin, Harold Lloyd, Harry Langdon, Stan Laurel und Oliver Hardy berühmt machte. Als der Ton hinzukam wurde die mit schlagfertigen und anzüglichen Dialogen vorangetriebene Screwball Comedy, die zudem noch mit Slapstick-Elementen versehen war, zur populären Form der Komödie. In ihrem Zentrum stan-

den zumeist romantische, aber exzentrische Paare und selbstbewusste Frauen, die die Männer aus dem Konzept brachten. Komödien von Frank Capra (»Es geschah in einer Nacht« 1934) und Howard Hawks (»Leoparden küsst man nicht« 1938) zählen zum Kernbestand der Screwball Comedy.

Die hitzigen Wortgefechte zwischen Katherine Hepburn und Cary Grant in der Screwball-Comedy »Leoparden küsst man nicht« (1938) gehören zu den Glanzstücken der Filmgeschichte. Unterstützt von Howard Hawks rasanter Inszenierung entstand ein Sprachfeuerwerk, dass seinen Witz aus pausenlosen verbalen Attacken und augenzwinkernder Situationskomik bezog.

Auch der Horrorfilm wurde während der frühen Tonfilmzeit zu einem wichtigen Genre. Die 1920er Jahre waren die Blütezeit der Horrorfilme von Universal (»The Cat and the Canary« 1927). In den 1930er Jahren setzten dann »Dracula« (1931) und »Frankenstein« (1931) die Maßstäbe, an denen sich spätere Horrorfilme messen lassen mussten. Mit letzterem wurde der Schauspieler Boris Karloff zur Ikone des Horrorfilms. »Die Mumie« (1932) und zahlreiche bei RKO von Val Lewton produzierte Horrorfilme bewiesen, dass subtiler Horror ebenfalls sehr effektvoll sein konnte.

Die Depressionszeit in den USA bereitete den Boden für soziale Dramen und Problemfilme. Ihr realistischer Stil schien der Lebenswirklichkeit vieler Bürger näher als die phantastischen Inszenierungen anderer Genres. Obwohl zu Stummfilmzeiten bereits Gangsterfilme produziert wurden, war Josef von Sternbergs »Unter-

»Frankenstein« (1931) – nach einem Roman von Mary Shelley aus dem Jahr 1818 – mit Boris Karloff in der Rolle des künstlichen Menschen war der erste bedeutende Monsterfilm Hollywoods. Karloffs Interpretation des von dem Wissenschaftler Dr. Frankenstein geschaffenen modernen Prometheus (Shelley) als zurückhaltend-freundlicher Charakter sowie sein wortkarger mechanischer Stil prägten das Image der Frankenstein-Figur.

welt« (1927) der erste bedeutende Film, in dessen Zentrum ein einzelner Verbrecher stand. Aber erst das Trio »Der kleine Caesar« (1930), »Der öffentliche Feind« (1931) und »Scarface« (1932) machten das Genre und seinen Star James Cagney wirklich berühmt. Die Prohibitionszeit lieferte die Stoffe für diese Filme. Für die Produktionen bedeuteten Gangsterfilme ein ebenso einträgliches wie riskantes Geschäft, denn immer standen ihre Geschichten im Verdacht, gegen die guten Sitten zu verstoßen und Kriminelle zu verherrlichen.

Noch heute werden Filme nach Genres sortiert, auch wenn andere Ordnungssysteme, wie z. B. nach Stars oder Regisseuren, ebenso populär sind: Filme mit Humphrey Bogart schüren ebenso Erwartungen wie solche mit Jodie Foster; und Filme, bei denen Sam Peckinpah Regie geführt hat, lassen sich mühelos von jenen eines Blake Edwards unterscheiden. In Vergessenheit geraten ist dagegen die Unterscheidung von Filmen nach dem Ort ihrer Produktion, dem Filmstudio, wie es während Hollywoods Glanzzeiten üblich war. Das Genreprinzip macht den Film auch heute noch für Produktion, Verleih und Publikum berechenbar – allerdings auf Kosten von Kreativität und Innovation.

Ästhetik

Die Bestrebungen der Hollywoodstudios, die Filmproduktion zu standardisieren, betraf in besonderem Maß die Ästhetik der Bilder. Zahlreiche Verfahren wurden entwickelt, um den Ansprüchen der realistischen Erzählungen an räumliche und zeitliche Logik zu genügen und die Geschichten auch auf den Ebenen von Bildkomposition und Montage so transparent wie möglich, d.h. schnell zugänglich und leicht verständlich zu machen. Dieses Ansinnen war eng gebunden an die Entwicklung technischer Mittel, aber auch an das Einfühlungsvermögen, wie das Publikum Filme wahrnimmt.

Bildgestaltung

Innerhalb einzelner Einstellungen versuchte man die Aufmerksamkeit durch die Wahl des Bildausschnitts, der Einstellungsgrößen, Dekoration, Fluchtpunkte aber auch durch optische Blenden, Filter, Kamera- und Lichtführung zu lenken. Ziel aller bildgestalterischen Verfahren war es, die Haupthandlung in das optische Zentrum zu platzieren und das Beiwerk auf das Nötigste zu beschränken.

Die Festlegung des Bildausschnitts (Cadrage) bestimmt, welcher Teil einer Handlung zu sehen ist. Die Wirkung der Cadrage hängt von der Positionierung der Figuren und Gegenstände im Raum vor der Kamera ab. Für die Abbildung von Hauptfiguren beispielsweise galt ein festgelegter Abstand zwischen Kamera und Schauspieler. Er betrug anfangs 12–15 Fuß, wurde später jedoch auf die so genannte 9-Fuß-Linie festgelegt, also in etwa 2,70 Meter Entfernung vom Objektiv. Zwar wurde dadurch der Körper des Schauspielers optisch an der Hüfte abgeschnitten, dafür waren aber Gestik und Mimik besser erkennbar. Generell folgten die Einstellungsgrößen der Entwicklung der Erzählung und stützen ihre Dramaturgie: Üblicherweise zeigte ein *establishing shot* am Filmanfang – zur besseren visuellen Orientierung für den Zuschauer – das gesamte Setting in der Totalen oder Halbtotalen. Sofern die Dramaturgie dies erforderte, näherte sich die Kamera den Figuren und Gegenständen über Zwischenstufen bis zur Nah- und Großaufnahme, bei der die Details sichtbar wurden.

Bildgestaltung und optische Schwerpunkte wurden im Wesentlichen gemäß der realistischen Tradition von Malerei und Fotografie gestaltet. Der Zuschauer konnte darauf vertrauen, dass alles, was für die Erzählung von Bedeutung war, innerhalb des Bildrahmens sichtbar wurde.

Die Wahl der Einstellungsgröße soll die Aufmerksamkeit lenken. So ist beispielsweise die erste Einstellung einer Szene *(establishing shot)* in der Regel eine Totale, die einen Überblick über die Situation verschaffen soll. Ausgehend davon variiert die Wahl der folgenden Bildausschnitte je nach inszenatorischer Notwendigkeit. Nah- oder Großaufnahmen wurden in Hollywood oft zur effektvollen Psychologisierung verwendet.

Der Rahmen musste so unauffällig wie möglich sein; der Zuschauer sollte den Eindruck gewinnen, dass der Raum auch jenseits des Bildrandes fortbesteht. Um die Illusion, einem realen Geschehen beizuwohnen, aufrechtzuerhalten, sollte der Kamerablick einer durchschnittlichen, »natürlichen« Wahrnehmung so gut wie möglich entsprechen.

Gleiches galt für die Bewegung innerhalb des Bildrahmens. Sie dynamisierte die Komposition und erforderte eine exakte Planung, damit der natürliche Bildeindruck nicht gestört wurde. Kamerastative mit drehbaren Köpfen ermöglichten drehende horizontale *(pan)* und kippende vertikale *(tilt)* Bewegungen. Diese Technik erlaubte nicht nur leichte Korrekturen des Bildausschnitts während des Drehens *(reframing)*, sie bot zugleich die Möglichkeit, das Geschehen immer im Bildzentrum zu halten und so die Aufmerksamkeit darauf zu lenken. Hohe und niedrige Kamerapositionen in Relation zum Geschehen – Vogel- und Froschperspektive – erlaubten seit etwa 1911 größere Winkel. Auf diese Weise konnten bestimmte Szenerien noch besser erfasst und dramatisierende Effekte erzielt werden.

Auch das Set-Design veränderte sich. Großzügige Studiokomplexe lösten Aufbauten unter freiem Him-

Im Unterschied zur Obersicht monumentalisieren Untersichten das Gezeigte und lassen es übermächtig bis bedrohlich erscheinen. Extreme Ober- und Untersichten waren in Standard-Hollywood-Filmen selten. Hier dominierten in der Regel Einstellungen auf Augenhöhe (Szene aus »Citizen Kane«).

mel und beengte Studioräume ab. Mit Hilfe großflächiger Glasdächer und -wände sowie elektrischer Beleuchtung konnten effektvollere dreidimensionale Settings errichtet und mit Kunstlicht spezielle Lichteffekte erzeugt werden. Auf diese Weise wurden die zuvor oftmals komplett gemalten Interieurs überflüssig.

Obersichten lassen Handlungsorte und Figuren, die sich darin bewegen, kleiner erscheinen und visualisieren je nach Verwendung eine übermächtige oder allwissende Beobachterposition (Szene aus »Citizen Kane«).

Die Entwicklung der Beleuchtungstechnik war eine der bedeutsamsten der Studioentwicklungen. Hollywoods Ästhetik wurde insbesondere für die gut ausgeleuchteten Sets bekannt, die kein Detail verbergen und alle Handlungen deutlich sichtbar ablaufen ließen. In der Regel wurden Szenerien im *high-key*-Stil ausgeleuchtet. Das Hauptlicht befand sich dabei in einem Winkel von 45 Grad oberhalb einer gedachten Achse zwischen Kamera und Schauspieler. So genanntes Fülllicht und Hintergrundbeleuchtung sorgten dafür, dass der gesamte Raum gut von weichem Licht ausgeleuchtet wurde. Dank nuancierter Grauabstufungen und geringer Kontraste erzielten im *high-key*-Verfahren belichtete Aufnahmen einen weichen Bildeindruck. Licht konnte aber auch aus der Richtung von im Bild befindlichen Lichtquellen wie Lampen, Fenster oder Kaminfeuer kommen. Auch hier sorgte Füll- und Hintergrundlicht dafür, dass die entstehenden Schlagschatten des Führungslichts nichts verbargen.

Zeitgleich entwickelte sich in Hollywood der Trend zu einem expressiveren Beleuchtungsstil, dem so genannten *low-key*-Stil. Hierbei war das Verhältnis der Lichtintensitäten von Führungslicht zu Fülllicht größer als beim *high-key*-Prinzip. Die Lampen erzeugten außerdem ein härteres Licht. Die daraus resultierenden extremen Kontraste und harten Schatten sorgten für

Ein ausgeprägter *low-key*-Stil war typisch für den *Film noir.*
Der über Paris nach Hollywood emigrierte Robert Siodmak drehte viele Klassiker des *Film noir,* darunter »Die Wendeltreppe« (1946). Seine virtuose Verwendung der *low-key*-Beleuchtungstechnik verlieh seinen Filmen eine beklemmende Atmosphäre. Als in den späten 1950er Jahren *Film noirs* kaum noch gefragt waren, begann – Zufall oder nicht – Siodmaks Abstieg als kreativer Regisseur.

dramatische Effekte und psychologisierten die Bilder. Besonders Horrorfilme wurden im *low-key*-Verfahren gedreht, aber auch so genannte *Film noirs,* abgründige und im Wortsinn düstere Detektiv- und Gangstergeschichten. Der Beleuchtungsstil hing von Genrekonventionen ab, noch wichtiger aber war auch hier, dass die Lichtsetzung dem Primat realistischer Motivation folgte.

Die Beleuchtungsmethoden hingen in starkem Maße von den physikalischen Eigenschaften des Negativmaterials ab. Analog der vorangehenden Entwicklung des Schwarzweiß-Negativfilms war auch der frühe Farbfilm nicht in der Lage, große Kontrastumfänge aufzuzeichnen, weshalb das *low-key*-Verfahren für Farbfilme anfänglich nicht geeignet war. Erst die Entwicklung von empfindlicherem Farbnegativfilmmaterial durch Eastman im Jahr 1968 und weitere Verbesserungen um 1974 erschlossen dem Farbfilm das expressivere *low-key*-Verfahren.

Montage

Neben der Bildkomposition entwickelte Hollywoods Filmindustrie zahlreiche Techniken und Regeln für die Filmmontage, die beim Zuschauer trotz Filmschnitt den Eindruck chronologisch ablaufender Zeit und zusammenhängender Räume erwecken sollten. Die unvermeidlichen Schnitte und Übergänge zwischen einzelnen Einstellungen durften für den Zuschauer nicht wahrnehmbar sein; die künstlerischen Eingriffe sollten möglichst ›unsichtbar‹ gestaltet werden *(continuity system)*. Filme mussten aber an bestimmten Stellen unterbrochen werden, einfach weil die Filmlänge pro Spule so gering war. Langfilme erforderten die Belichtung mehrerer Filmrollen, die miteinander kombiniert wurden. Außerdem machten komplexere Filmhandlungen verschiedene Drehorte und -situationen erforderlich. Das Drehen kompletter Handlungen mit nur einer Einstellung, wie beim *one-reeler* und den nur wenige Minuten langen Filmen der Frühphase, war nicht mehr möglich. Damit auch längere Filme verständlich wurden, bedurfte es der Entwicklung von Schnitttechniken, die schon bald zu Konventionen des Filmemachens wurden.

Das Hin- und Herschalten zwischen zwei Handlungsorten *(inter-cutting, cross cutting)*, wie es der Filmschnitt möglich machte, wurde von den Zuschauern verstanden und somit zu einer frühen Erzählkonvention. Die von Filmpionier David W. Griffith entwickelte Parallelmontage, d.h. die abwechselnde Montage simultan ablaufender, aber an unterschiedlichen Orten stattfindender Handlungen, ist eines der prominentesten Beispiele für die Technik des *cross cutting*. Aber auch ein und derselbe Ort konnte durch Filmschnitte zerlegt werden (analytischer Schnitt), so dass die Aufmerksamkeit auf jeweils wichtige räumliche Aspekte – z. B. eine Person, ein Gegenstand oder ein Handlungsdetail – gelenkt wurde. Ein kontinuierlicher Schnitt sorgte dafür, dass zwei verschiedene Einstellungen durch eine Bewegung oder einen Blick miteinander verbunden werden konnten. So wurde es beispielsweise zur Konvention, die Aufnahme des Blicks einer Figur auf ein imaginäres Ziel außerhalb des Filmbildes mit einer weiteren Einstellung aus der Richtung der Figur zu kombinieren, so dass der Eindruck eines zusammenhängenden Raumes und linear fortschreitender Zeit entstand *(eyeline match)*. Der *double eyeline match* wurde als Schuss-Gegenschuss-Verfahren zur wohl bekanntesten Konvention des Filmschnitts in Hollywood für die Inszenierung von Interaktionen zwischen Figuren (Dialog, Zweikampf etc.). Während eines Dialoges beispielsweise wird jeweils auf den zuhörenden Partner geschnitten, während der Zuschauer den sprechenden Partner reden hört. Dieser Einstellungswechsel bietet die Möglichkeit, Reaktionen auf das Gesagte zu zeigen.

Eine weitere wichtige Norm des *continuity systems* war die 180-Grad-Regel. Sie schrieb vor, dass Handlungen nur von jeweils einer Seite der Handlungsachse aufgenommen und zusammengeschnitten werden durften. Dies sollte dem Zuschauer trotz Filmschnitt Sicherheit über räumliche und zeitliche Verhältnisse geben.

Die Verletzung dieser Regel, der so genannte Achsensprung, war eine beliebte Methode in Filmen, die den Zuschauer verunsichern sollten. Die 30-Grad-Regel besagte, dass der Unterschied zwischen den Blickwinkeln zweier aufeinander folgender Einstellungen mindestens 30 Grad betragen musste. Man fürchtete, dass geringere Winkel den Filmschnitt sichtbar machen könnten.

Weitere Techniken, die den Eindruck der Kontinuität von Handlungen, Raum und Zeit suggerieren sollten, waren z. B. Überblendungen oder Wischblenden zwischen zwei Einstellungen oder gleiche Musik bzw. gleiche Geräusche, die über unterschiedliche Einstellungen gelegt wurden. Abblendungen, Formen der Überblendung oder Aufnahmen mit Weichzeichnern, aber auch Großaufnahmen von Gesichtern wurden häufig als Markierungen für den Übergang in eine andere

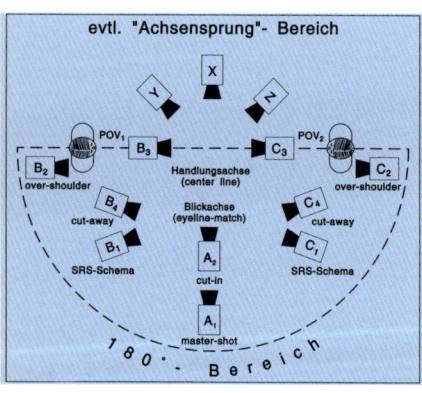

Das Schuss-Gegenschuss-Verfahren (*shot-reverse-shot* bzw. SRS) wurde zu einer der ersten Konventionen der Filmsprache Hollywoods.

Zeit- oder Realitätsebene der Geschichte verwendet, so z. B. bei Traumsequenzen oder Rückblenden.

Obwohl Hollywoods Filmindustrie über die Jahre eine Vielzahl von aufwändigen und trickreichen ästhetischen Verfahren zur Verknüpfung von Szenen und Sequenzen erfand, mussten sich alle Techniken einer Vorgabe beugen: Keines der Verfahren durfte auf sich selbst aufmerksam machen, alle mussten der Illusion einer real stattfindenden Geschichte zuträglich sein. Vielleicht waren Hollywoods Kreativabteilungen gerade deswegen so produktiv, weil diese Erzählnorm das künstlerische und technische Personal immer wieder vor neue Herausforderungen stellte.

Keine Regel ohne Ausnahme: Der Film noir

In einer französischen Filmkritik aus dem Jahr 1942
beschrieb Nino Frank eine Reihe US-amerikanischer
Produktionen als *Film noir*. Dazu gehörten »Die Spur
des Falken« (1941), »Laura« (1944), »Frau ohne Gewissen« (1944) und »Mord, mein Liebling« (1944). Der
Begriff *Film noir* war entstanden, doch in Hollywood
selbst war er noch unbekannt. Weder gab es auf Seiten
der Filmproduktion ein entsprechendes Genre, ein
Programm oder gar eine Bewegung von Filmkünstlern,
noch erkannte das Publikum jene Außergewöhnlichkeit, die die französische Filmkritik so faszinierte. Die
amerikanischen Kritiker sahen in diesen Filmen in
erster Linie bemerkenswerte Weiterentwicklungen bekannter Dramaturgien und Variationen von
Genrestoffen, insbesondere des Gangster- und
Detektivfilms. Die radikal
pessimistischen *Film
noirs* wurden in den
USA anfangs als Mörder-Melodramen, intelligente Kriminalgeschichten oder schonungslose
Thriller beschrieben. Erst

zu Beginn der 1970er Jahre wurde der Begriff *Film noir*
in den USA geläufig, vor allem durch einen Aufsatz des
Drehbuchautors und Regisseurs Paul Schrader (»Notes
on Film noir«).

Was die Franzosen als *Film noir* bezeichneten, schien
eine bislang unbekannte Facette des Hollywood-Stils zu
sein, denn eigentlich passte er so gar nicht zu dem, was
man von Hollywoods Filmen bislang gewohnt war. Ein
Film noir unterschied sich deutlich von den üblichen
geradlinigen Geschichten und der auf Eindeutigkeit
und Klarheit bedachten Bildgestaltung des klassischen
Hollywood-Stils. Stattdessen boten die neuen *Film
noirs* spektakuläre und vielschichtige Kriminaldramen

Immer wieder spielte
Humphrey Bogart in
Film noirs den einsamen
sarkastischen Detektiv.
In der verwickelten
Geschichte »Die Spur
des Falken« (1941) jagte
er als Privatdetektiv
Sam Spade mit einer
Handvoll Gangster
vergebens hinter der
mysteriösen Statuette
eines Falken her.

mit vertrackten Geschichten und fragwürdiger Moral. Besonders die auffallend andersartige, unkonventionelle Kameraarbeit und ein Spannungsaufbau, der die Zuschauer lange Zeit im Dunkeln tappen ließ, bevor die Geschichten ihre deprimierenden Auflösungen preisgaben, waren Anzeichen für eine neue Art des Filmemachens inmitten der sonst so lichten Studioproduktion Hollywoods.

Die Geschichten des *Film noir* hatten ihre Vorbilder oftmals in den so genannten *hard-boiled novels,* einer Form der Kriminalliteratur, wie sie insbesondere in der Depressionszeit populär wurde. Im Gegensatz zu den artifiziellen Settings der klassischen Detektiv- und Kriminalliteratur lieferten die Romane etwa von Raymond Chandler und Dashiell Hammett gegenwarts- und alltagsbezogene Erzählungen. Hier stand kein *gentleman mastermind* im Mittelpunkt, wie noch in den klassischen Detektiverzählungen, sondern desillusionierte Privatdetektive, korrupte Polizisten oder heillos in mysteriöse Verbrechen verstrickte Kleinbürger. Der erfolgreichen Verbreitung dieser auch als *pulp fiction* bekannten Erzählungen folgte Hollywood mit einer Verzögerung von ungefähr zehn Jahren. Etwa um 1940 wurden innerhalb des realistischen Erzählkinos Hollywoods ästhetische und narrative Verfahren angewendet, die den Erfolg der *hard-boiled novels* für die Filmindustrie wiederholen sollten.

Der visuelle Stil des *Film noir* wurde dominiert von *low-key*-Beleuchtung. Mit Hilfe von stark gerichtetem Licht entstand ein extremes Helldunkel (Chiaroscuro) mit harten Kontrasten. Die expressive Lichtgestaltung resultierte aus Scheinwerfern, die unterhalb der Augenhöhe platziert wurden, die Bildteile nur teilweise beleuchteten und große Bildbereiche in ein mysteriöses Dunkel tauchten. Das expressive Spiel mit dem Licht erzeugte Schatten-

»Die Nacht des Jägers« (1955) war das erste und einzige Regiewerk des Schauspielers Charles Laughton. Das beklemmend-düstere Drama um zwei Kinder auf der Flucht vor einem diabolischen Gangster beeindruckte durch seine expressive Bildgestaltung und Robert Mitchums intensives Spiel.

wurf, phantomhafte Silhouetten, isolierend wirkende Umrisskanten und abrupte Helligkeitswechsel. Haupthandlungen spielten oftmals in abgedunkelten Räumen, in dämmrigen Büros, unübersichtlichen Appartements oder regennassen Strassen zwischen dunklen Gebäuden. Die geometrischen Bildordnungen des *Film noir* waren geprägt von

In dem grandios visuell überzeichneten *Film noir* »Im Zeichen des Bösen« (1958) zeigte Orson Welles noch einmal sein ganzes Können als Drehbuchautor, Regisseur und in der Rolle des korrupten Polizisten Hank Quinlan.

unruhig wirkenden Schrägen und einengenden senkrechten Linien und Rahmungen. Wo im Western horizontale Linien Ruhe und Überblick versprachen, zerschnitten im *Film noir* verschiedene Arten von Linien den Raum. Geländer, Gitter oder Gebäudestrukturen teilten den Bildraum in separate Bereiche und sperrten die Figuren optisch ein. Aufnahmen mit verkanteter Kamera und räumliche Verzerrungen, hervorgerufen durch häufige Unter- und Obersichten sowie die bevorzugte Verwendung halbnaher und naher Einstellungsgrößen, dynamisierten und psychologisierten zugleich den Bildeindruck. Betrug das Standard-Lichtverhältnis in einer klassischen Studioproduktion etwa 3:1, so betrug es im *Film noir* etwa 5:1. Manchmal wurde sogar ganz auf Fülllichter verzichtet. Trotz der radikalen Verwendung des Lichts standen *Film noirs* durchaus in der Tradition Hollywoods, denn die expressive Ästhetik war realistisch motiviert: Sie übersetzte bedrohliche Situationen und die psychologischen Zustände der scheiternden Helden in Filmbilder. Diese filmische Strategie zielte darauf ab, die Perspektive durch klaustrophobische Effekte und räumliche Desorientierung zu subjektivieren. Verschachtelte, oftmals in Rückblenden erzählte Geschichten und solche, in denen die Verhältnisse zwischen den Figuren bedrohlich unklar blieben und positive Auflösungen verweigert wurden, transportierten die allgegenwärtige Desorientierung dieser Erzählstrukturen. Manifeste Gewalt und eindeutige Anspielungen auf sexuelle Beziehungen, aber auch eine Absage an die positiven

Extravagante Kameraper-
spektiven, immer wieder
den Bildraum zerschnei-
dende senkrechte und
diagonale Linien sowie
ein hilfloser Detektiv, der
einem unheimlichen Kof-
fer nachspürt: »Ratten-
nest« (1955) wurde oft-
mals als letzter Film der
klassischen Phase des
Film noir bezeichnet.
Obwohl sich der Film
jedes politischen State-
ments entsagte, spielte
er auf der Bildebene
offen mit dem Motiv der
atomaren Apokalypse.

Heldenfiguren der klassischen Hollywooderzählung
sowie die Präsentation von Anti-Helden und Femmes
fatales zeugten zugleich von einer allmählichen Auflösung der strikten Bestimmungen des Production Code.
Der *Film noir* trieb selbstbewusst sein eigenes Spiel mit
der filmischen Form. Anders als im klassischen Hollywoodfilm bedeutete das ›Wie‹ hier immer mehr als das
›Was‹. *Film noir* war mehr an Vorgängen interessiert
als an simplen Auflösungen. Das Scheitern der Helden
war immer wichtiger als ihre Rettung im *happy end* –
ein Glücksversprechen, das es im *Film noir* ohnehin
niemals gab.

In der Hochphase des *Film noir*, von 1946–51, hatten
diese Filme einen Marktanteil von etwa 13 Prozent. Er
reichte nie an denjenigen des herkömmlichen Genrefilms, z. B. des Musicals oder des Western, heran. *Film
noir* besetzte lediglich eine Nische, die der klassische
realistische Erzählfilm Hollywoods weder stilistisch
noch thematisch füllen konnte: fatalistische Männer-
und Frauenbilder, Abwesenheit der Familie, die städti-
sche Umgebung als undurchsichtige Lebenswelt oder
als Ort unkontrollierbarer Gewalt wie in »Asphalt
Dschungel« (1950).

Die Zeit des Zweiten Weltkriegs verhalf dem *Film
noir* zu einer kurzen Blüte, doch Nachkriegseuphorie
und neuer Wohlstand in einer veränderten, politisch
und militärisch gesicherten Ära machten die beängsti-
genden Geschichten jener ominösen ›Schwarzen
Serie‹ Hollywoods überflüssig.

Hollywood unter Druck:
Das klassische Hollywood in Auflösung

Der *Film noir* löste sich zeitgleich mit dem Studiosystem Hollywoods auf. Das Ende des klassischen Hollywood hatte sich schon lange vorher angekündigt. Im Paramount-Prozess führte das Urteil des obersten Gerichtshof der USA gegen Hollywoods zweifelhafte Marktstrategien zur Trennung der Studios von ihren Kinoketten. Daneben erzeugte das politisch motivierte HUAC-Verfahren (s. S. 110) eine Atmosphäre gegenseitiger Denunziation und belastete die Arbeit der Studios. Ebenso trat das Fernsehen an, dem Kinofilm ernsthafte Konkurrenz zu machen. Parallel dazu änderten sich infolge der rasch voranschreitenden Industrialisierung und des Zweiten Weltkriegs die Lebens- und Freizeitgewohnheiten des Publikums, das zuvor in Massen in die Kinos geströmt war, um Hollywoods Produkte zu sehen.

Die Anti-Trust-Kampagne

Der große Erfolg des Studiosystems von Hollywood, das seinen Glamour gerne der Weltöffentlichkeit vorführte, rief auch Kritiker auf den Plan. 1938 erhob das Justizministerium der USA im Namen unabhängiger Kinobetreiber gegen die größten acht Hollywood-Studios – die Big Five Paramount, Loew's (MGM), Warner Brothers, RKO und Twentieth Century-Fox sowie die Little Three Universal, Columbia und United Artists – Anklage wegen Monopolisierungsbestrebungen. Im Paramount-Prozess, benannt nach dem ersten beklagten Studio, ging es um das Verbot rücksichtsloser Geschäftspraktiken wie *block booking* und *blind bidding* sowie um die Trennung der Geschäftsbereiche Produktion und Vertrieb von den Abspielstätten, die den Studios zuvor stattliche Gewinne garantiert hatten. 1940 kam der Fall vor Gericht. Erst jetzt waren die Majors im so genannten *consent decree* zu ersten Zugeständnissen bereit. Darin boten sie an, die Blockbuchungen auf fünf Filme zu beschränken, den Kinobesitzern alle Filme vorab vorzuführen und die Verleihgebiete neu aufzuteilen. Die Kläger

Burt Lancaster verkörperte in seinen Rollen oft Figuren, die physische Stärke mit emotionaler Sensibilität verbanden. In »Rächer der Unterwelt« (1947) spielte er einen Boxer, dessen Lebensgeschichte aus den Berichten unterschiedlicher Weggefährten in Rückblenden rekonstruiert wurde. Die ebenso außergewöhnliche wie verwirrende fragmentarische Erzählstruktur war zwar typisch für den *Film noir*, entsprach aber nicht Hollywoods Erzählstandards.

gaben sich mit dieser Lösung nicht zufrieden, doch die Teilzugeständnisse der großen Filmfirmen und der Ausbruch des Krieges in Europa verzögerten den Prozess. Erst 1948 wurde der Fall dem obersten Gerichtshof vorgelegt. Dieser erklärte die monopolistischen Praktiken der großen Studios für illegal und verlangte die endgültige Trennung der Major Studios von ihren Kinoketten. Um weitere Rechtsstreitigkeiten zu verhindern, trennten sich die großen Studios schließlich in den 1950er Jahren von ihren Kinoketten, behielten aber die Kontrolle über Produktion und Vertrieb. Dies hatte zur Folge, dass unabhängige Theater nicht länger auf kleinere Produktionen festgelegt waren und bessere Verdienstmöglichkeiten hatten – allerdings stand ihnen mit dem Fernsehen schon bald neue Konkurrenz ins Haus. Die Entscheidung des Gerichts ermutigte nicht nur unabhängige Produktionsfirmen zu einem Ausbau ihrer Kapazitäten, auch viele Stars und ehemals leitende Studioangestellte gründeten eigene Filmproduktionen. Von 1946 bis 1956 verdoppelte sich die Zahl unabhängig produzierter Filme auf ca. 150 pro Jahr. An der Struktur der Filmindustrie aber änderte sich nur wenig. Unabhängige Produzenten konnten sich weiterhin keinen großen Vertrieb mit überregionalen Büros leisten, der nötig gewesen wäre, um weiter zu expandieren. Sie waren also immer noch gezwungen, ihre Filme über die großen Studios zu vertreiben, die über eine entsprechende Infrastruktur verfügten. Die großen Studios kontrollierten somit weiterhin den Filmmarkt. So gesehen profitierten Hollywoods Studios sogar von dem Gerichtsurteil: Dreh- und Angelpunkt des Filmgeschäfts wurde jetzt der Vertrieb, der den Verlust des Kinogeschäfts mehr als wett machte.

Üblicherweise scheiterten die Helden im *Film noir* an ihren eigenen Unzulänglichkeiten. In »Frau ohne Gewissen« (1944) verfiel der Versicherungsagent Walter Neff (Fred McMurray) der Femme fatale Phyllis Dietrichson (Barbara Stanwyck) und bezahlte dafür mit seinem Leben.

HUAC-Verfahren und Blacklisting

Hollywood blieb von politischen Einflussnahmen nicht verschont. In den 1930er Jahren sympathisierten viele Intellektuelle Hollywoods mit kommunistischen Ideen.

Regisseure und Schauspieler wie Charles Chaplin, Jules Dassin, Richard Fleischer, Albert Lewin, Joseph Losey, Lewis Milestone, Abraham Polonsky, Jean Renoir, Robert Rossen, Frank Tashlin, William Wellman oder Fred Zinnemann gehörten zum linken Flügel in Hollywood. Einige von ihnen waren Mitglieder der US-amerikanischen kommunistischen Partei. Die antikommunistische Wende in der amerikanischen Politik nach dem Zweiten Weltkrieg brachte diese Personengruppe in große Schwierigkeiten. Schon seit Jahren hatte das FBI Daten gesammelt über vermeintlich kommunistische Umtriebe in Hollywoods Filmindustrie. In einem Klima zunehmender politischer Paranoia, das vor allem mit dem Namen des antikommunistisch agitierenden Senators Joseph R. McCarthy in Verbindung gebracht wird, wurden liberale Vorstellungen als staatszersetzend denunziert und Andersdenkende eingeschüchtert.

Die verzweifelten Geschichten der *Film noirs* spielten oft in den düsteren Räumen unüberschaubarer Städte. Hier wurden in engen Hinterzimmern kriminelle Pläne geschmiedet, die von vornherein zum Scheitern verurteilt waren. John Huston widmete sich diesem Motiv mit »Asphalt Dschungel« (1950).

Im Jahr 1947 untersuchte der amerikanische Kongress kommunistische Aktivitäten in den Vereinigten Staaten. Die Nachforschungen waren Teil einer landesweiten Suche nach subversiven Personen in Regierung und öffentlichem Leben, die vom House Un-American Activities Committee (HUAC) durchgeführt wurde. In den Anhörungen des HUAC betreffs subversiver Bestrebungen in der Filmindustrie ging es vor allem um den Nachweis kommunistischen Einflusses auf die Filmproduktion. Daher konzentrierte sich das HUAC auf Autoren, die für die Inhalte der Filme verantwortlich waren. Schließlich wurde die Führung des Verbands der Autoren der kommunistischen Infiltration bezichtigt. Zur Klärung der Vorwürfe wurden 43 Zeugen vorgeladen. Einige von ihnen, die so genannten ›freundlichen

Dalton Trumbo war in den 1940er Jahren einer der bestbezahlten Drehbuchautoren Hollywoods, bevor er auf die berüchtigte schwarze Liste gesetzt wurde. Dennoch schrieb er danach weitere 30 Drehbücher unter Pseudonym.

Zeugen‹, darunter Jack Warner, Gary Cooper und Ronald Reagan, äußerten freimütig ihre Besorgnis über linke politische Inhalte in Drehbüchern. Die so genannten ›unfreundlichen Zeugen‹, zumeist Drehbuchautoren, bekamen dagegen kaum Gelegenheit zur Verteidigung und beriefen sich auf ihr verfassungsrechtlich garantiertes Recht auf freie Meinungsäußerung. Zehn von ihnen, die Hollywood Ten, bekannten sich zu linken oder kommunistischen Ideen und wurden vorübergehend verhaftet: die Drehbuchautoren Alvah Bessie, Herbert Biberman, Lester Cole, Ring Lardner Jr., John Howard Lawson, Albert Maltz, Samuel Ornitz und Dalton Trumbo sowie Regisseur Edward Dmytryk und Produzent Adrian Scott. Öffentlicher Protest verhinderte zunächst weitere Anhörungen und Denunziationen. Für die Hollywood Ten bedeutete das Verfahren trotz baldiger Freilassung das Ende ihrer offiziellen Karrieren in Hollywood – bis auf Edward Dmytryk, der mit der HUAC kooperierte. Einige von ihnen kehrten später unter Pseudonymen ins Filmgeschäft zurück. Dalton Trumbo etwa gewann unter dem Namen Robert Rich 1957 sogar einen Oscar für sein Drehbuch zu »Roter Staub« (1956) und schrieb auch die Skripts für »Exodus« (1960) und »Spartacus« (1960).

Unter dem Eindruck des Kalten Kriegs und angesichts des Koreakrieges wurden die Anhörungen 1951 fortgesetzt mit dem Ziel, alle kommunistischen und politisch linken Personen Hollywoods dingfest zu machen. Viele vormalige Kommunisten oder Sympathisanten retteten sich, indem sie Namen von Kollegen preisgaben, darunter Stars wie Edward G. Robinson oder Sterling Hayden und Regisseure wie der bereits genannte Dmytryk und Elia Kazan. All diejenigen, die denunziert wurden, aber nicht kooperierten, wurden auf eine Liste gesetzt, die *blacklist*. Obwohl die Studios die Existenz schwarzer Listen niemals zugaben, gelang es nur zehn Prozent der gelisteten Personen, später wieder in das Filmgeschäft zurückzukehren. Andere, wie Jules Dassin oder Joseph Losey, flohen vor dem drohenden Berufsverbot, das ein *blacklisting* de facto bedeutete, ins Ausland. Die Anhörungen der HUAC

Die Thematisierung der eigenen Geschichte war und ist in Hollywood keineswegs unüblich. Von »Ein Stern geht auf« (1937) über »Boulevard der Dämmerung« (1950) bis zu »The Player« (1992) boten die Verhältnisse in Hollywood immer wieder genügend Stoff für erfolgreiche Filme.

führten zu einer tiefen Vertrauenskrise unter den Filmleuten Hollywoods und zu einem enormen Verlust an Talenten. Hollywood selbst hat diese dunkle Phase seiner Geschichte in Filmen thematisiert, etwa in dem Drama »Schuldig bei Verdacht« (1991) mit Robert De Niro in der Rolle eines Regisseurs, der die Preisgabe von Namen vor der HUAC verweigert.

Fernsehen

Als das Fernsehen in den 1950er Jahren seinen weltweiten Siegeszug begann, hatte Hollywood längst seine Finger im Spiel. Bereits 1930 versuchten einige Unternehmen, Radio- und Fernsehstationen zu erwerben, um die aufstrebende Konkurrenz kontrollieren zu können. Allerdings unterband die staatliche Aufsichtsbehörde FFC (Federal Communications Commission) Hollywoods Bestrebungen, auch in diesen Markt der Bild- und Tonmedien vorzudringen. Erst nach 1950, also nach dem Urteilsspruch im Paramount-Prozess, gelang Hollywood der Einstieg in die Fernsehbranche. Columbia Pictures gründete 1951 eine eigene Fernsehproduktionsfirma mit dem Namen Screen Gems, die dem Fernsehen Spielfilme zum Kauf anbot. Schauspieler und Techniker wechselten zum Fernsehen und kleinere Studios vermieteten Teile ihrer Einrichtungen an Fernsehproduktionen. Der exzentrische Millionär und Eigentümer von RKO, Howard Hughes, verkaufte 1954 sogar das gesamte Filmarchiv der RKO an das Fernsehen. Diesem mutigen Schritt folgten andere Studios nach.

Nach 1955 begannen Hollywoods Studios damit, Filme eigens für Fernsehausstrahlungen zu produzieren. Warner Brothers machten mit den Serien »77 Sunset

Strip« (1958–1964) und »Maverick« (1957–1962) den Anfang. Bereits 1960 wurde Hollywood zum Zentrum der US-amerikanischen Fernsehproduktion. Das Publikum, das nicht mehr so häufig ins Kino ging, sah Hollywoods Produkte jetzt Abend für Abend auf der Mattscheibe. Hollywoods Filmfirmen fuhren von nun an zweigleisig: Neben kapitalintensiven Großproduktionen für das Kino produzierten sie jetzt auch Fernsehfilme und -serien.

Hinsichtlich Bildformat, optischer Auflösung, Kontrastumfang und Tonqualität war das Fernsehbild der Filmprojektion im Kino natürlich weit unterlegen. Dennoch ahnten Hollywoods Filmbosse, dass sich das Fernsehen nicht nur zu einem wichtigen Zweitverwertungsmarkt entwickeln, sondern der Produktion neue gewinnbringende Betätigungsfelder eröffnen würde. Entsprechend bemühte sich Hollywoods Filmindustrie, die eigenen Produkte für das Fernsehen zu optimieren. Techniken wie das verlustträchtige *pan-and-scan*-Verfahren etwa passten das breitwandige Kinoformat an das Fernsehformat an. Die Fernsehnetzwerke und Sendestationen versuchten ihrerseits, durch die Entwicklung von Live-Formaten dagegenzuhalten. Bereits in den 1950er Jahren gab es im Fernsehen live gespielte Dramen (u.a. »Patterns« 1955, »Cinderella« 1957), Live-Shows (u.a. »This is Your Life« 1952–1961, »The Price is Right« 1956–1965) oder Situationskomödien, so genannte Sitcoms (u.a. »Mr. Peepers« 1952–1955, »The Adventures of Ozzie & Harriet 1952–1966). Doch die selbstproduzierten Filme der Fernsehgesellschaften erreichten aufgrund unzureichender ökonomischer und produktionstechnischer Mittel niemals den Standard, den Hollywood vorgab. Die Fernsehproduktion stand damit im Grunde unfreiwillig in der Tradition von Hollywoods Low-budget-Produktion. Umgekehrt bewies Steven Spielbergs »Duell« (1971), dass auch Fernsehproduktionen im Kino erfolgreich sein konnten. Aber nicht nur komplette Fernsehfilme, auch in der Fernsehproduktion (zumeist aus Kostengründen) entwickelte Techniken wie Schärfenverlagerungen im Bild, Tonüberlagerungen und Aufnahmen mit Zoom-Objektiven hielten Einzug in Hollywoods Filmproduktion. Etwa seit den 1970er Jahren verfügten Film- und Fernsehproduktion schließlich über die gleichen Techniken. Der Siegeszug des Heimvideos seit den 1980er Jahren beeinflusste auch die strenge erzählerische Ökonomie von Hollywood-Filmen, denn mit Videofilmen konnte man probieren, was im Kino (noch) verboten war: Die das klassische Erzählen dominierenden Strategien zur Herstellung räumlicher und zeitlicher Logik etwa wurden zuweilen ebenso unterwandert wie psychologisch eindeutige Motivationen der handelnden Figuren und moralische Standards tendenziell unterminiert wurden. Im Videosektor wurde es für Hollywood möglich, mit den eigenen Regeln realistischen Erzählens spielerischer umzugehen. Der durch den Videoboom drastisch ansteigende Bedarf an Filmen intensivierte Hollywoods Suche nach neuen Geschichten und Dramaturgien, sensationellen Bildern und außergewöhnlichen Stars. Doch obwohl sich die Produktionsstruktur veränderte, blieb der klassische Erzähl- und Inszenierungsstil im Großen und Ganzen nahezu unverändert. Die einflussreichste Filmindustrie der Welt war nach den 1950er Jahren untrennbar mit der Entwicklung des Fernsehens und der Videotechnik verbunden. Obwohl es mit dem Aufkommen der neuen Bildtechnologien zunächst nicht danach aussah, wurde Hollywoods Siegeszug durch die neuen Medienformen Fernsehen und Video keineswegs aufgehalten, sondern konnte auf breiter Basis gefestigt und sogar beschleunigt werden.

Mit »Duell« (1971) gelang Steven Spielberg nicht nur das Kunststück, einen erfolgreichen Fernsehfilm ins Kino zu bringen; der ungleiche Zweikampf zwischen dem unbescholtenen PKW-Fahrer David Mann und einem monströsen Truck war zugleich eine frühe Perle der Spielbergschen Inszenierungskunst von nervenzerrender Spannung.

Neue Vermarktungsstrategien

Die Zeit des Übergangs vom erfolgreichen Studiosystem der klassischen Phase zu neuen Produktions- und Vertriebsformen dauerte bis in die 1970er Jahre. Das Brüchigwerden der patriarchalen Führungsstruktur innerhalb der Studios, neue Technologien und Medien, veränderte Marktverhältnisse und gewandelte kulturelle Rahmenbedingungen führten seit den 1950er Jahren zur langsamen Auflösung der alten Ordnung Hollywoods. Die durch politische Intervention erzwungene Reorganisation des Studiosystems infolge des Paramount-Urteils sowie der rapide Zuschauerschwund zwangen Hollywoods Filmindustrie zum Handeln.

Besonders die Abwanderung der Klientel in die Vorstädte und ein verändertes Freizeitverhalten trafen Hollywoods Filmindustrie nach dem Zweiten Weltkrieg empfindlich. Sie reagierte zunächst mit dem Bau neuer Lichtspielhäuser in den Vorstädten, mit der Errichtung von Kinosälen

in Einkaufspassagen und mit der Aufteilung ehemaliger großer Kinos in kleine, so genannte *shoebox*-Theater. Die ersten Multiplex-Kinos mit mehreren Leinwänden entstanden ebenfalls in dieser Zeit. Um die Filme für die mobil gewordenen Kundschaft interessant zu machen, errichtete man bis Mitte der 1950er Jahre 4.000 Autokinos (Drive-In) mit gewaltigen Leinwänden und Parkplätzen, die bald mehr Besucher hatten als die traditionellen Kinos. Gleichzeitig war das gewinnträchtige Geschäft der Erstaufführungstheater in den Stadtzentren gefährdet.

Das Konzept des Kinos unter freiem Himmel ging auf: Die automobile Gesellschaft konnte bequem mit dem eigenen PKW vorfahren und auf überdimensionalen Leinwänden Filme genießen.

Die Filmindustrie versuchte, den Untergang abzuwenden. Im Zuge der Entwicklung neuer Film- und Tonformate setzte Hollywood auf das Breitwandformat Cinemascope und auf Stereoton. Die wirtschaftliche Reorganisation zwang zu Änderungen der Produktionsabläufe. Anstelle teurer eigener Produzenten wurden für die Organisation von Filmprojekten unabhängige Produzenten engagiert, die nach Bedarf eingesetzt wurden, während sich die Studios zunehmend auf den Vertrieb konzentrierten. Die seit den 1950er Jahren praktizierte unabhängige Produktionsweise wurde zum Standard und löste Hollywoods ›Fließband‹-Produktion ab. Kleine Produzenten fertigten Filme, die sie im Komplettpaket an die Studios verkauften. Die Auslagerung der Produktion aus den großen Studios und die Ausweitung der Angebote führte zu einer Flut von Genrefilmen, die mit Science-Fiction- und Rock'n'Roll-Geschichten vor allem auf den Markt der Jugendlichen und jungen Erwachsenen zielten (z. B. »Die Saat der Gewalt« 1955, »Der Blob« 1958). Entgegen der eigenen Tradition mieden Studioproduktionen in den 1950er Jahren allzu romantische Darstellungen und sentimentale Geschichten und unterwanderten mit realistischer Gewaltdarstellung und expliziter Sexualität die durch den Production Code selbstauferlegte Zurückhaltung. Als der Inlandsmarkt der USA für Filme schließlich immer kleiner wurde, konzentrierte sich Hollywood erneut auf das internationale Filmgeschäft.

Elvis Presley gehörte zu den Musikern, die die Chance, die das Medium Film bot, konsequent nutzten, um die eigene Popularität weiter zu steigern. Im Gegenzug profitierten natürlich auch die Produktionsfirmen von der Berühmtheit des größten Stars der Popkultur der 1950er Jahre.

Der Aufstieg der unabhängigen Filmproduktion

In den 1950er Jahren entdeckte Hollywood die Jugendlichen als Zielgruppe. Es entstanden Teenagerdramen mit James Dean in der Hauptrolle (»...denn sie wissen nicht, was sie tun« 1955, »Jenseits von Eden« 1955) oder Musikfilme mit Elvis Presley (»Pulverdampf und heiße Lieder« 1956, »Rhythmus hinter Gittern« 1957). Zeitgleich mit der Blüte des Rock'n'Roll, die dem Lebensgefühl der jungen Generation einen radikal neuen musikalischen Ausdruck verlieh und mit Elvis Presley

Logo der unabhängigen Produktionsgesellschaft American International Pictures (AIP), mit der Roger Corman berühmt wurde.

Auch das Remake dieses Kultklassikers von 1960, »Der kleine Horrorladen« aus dem Jahr 1986, war ein großer Publikumserfolg.

Michael Landon, der in »Der Tod hat schwarze Krallen« (1957) die Hauptrolle spielte, wurde später mit Fernsehproduktionen wie der Western-Serie »Bonanza« (1959–1973) oder der Familien-Serie »Unsere kleine Farm« (1974– 1982) berühmt.

gleichzeitig über eine charismatische Symbolfigur verfügte, stieg in den USA auch das Interesse an bildgewaltigen Science-Fiction-, Horror- und Mystery-Comics seit Anfang der 1950er Jahre sprunghaft an. Das ließ Hollywood nicht kalt. Der Comic- und Rock'n'Roll-Boom inspirierte Samuel Z. Arkoff und James H. Nicholson 1954 zur Gründung der Produktionsfirma AIP (American International Pictures). Als sich die größeren Studios aus dem Geschäft mit B-Filmen zurückzogen, nutzte AIP die Gelegenheit und besetzte die entstandene Lücke im Low-budget-Bereich mit billigen Genrefilmen und so genannten *exploitation movies*. Diese Filme ohne besonderen künstlerischen Anspruch behandelten existenzielle Motive und Themen aus den Bereichen Gewalt und Sex. Die zum Kultklassiker gewordene AIP-Produktion »Kleiner Laden voller Schrecken« (1960) beispielsweise wurde in nur zwei Tagen an einem verlassenen Set gedreht und kostete bescheidene 27.000 Dollar. Das Repertoire von AIP reichte von Musik, Horror, Sex, Gewalt und schnellen Autos bis zu Jugendkriminalität und Literaturverfilmungen. Typische AIP-Produktionen dieser Zeit waren »Der Tod hat schwarze Krallen« (1957), »Blut und Sporen« (1957) oder »Revolver-Kelly« (1958) mit Charles Bronson in der Hauptrolle.

Einer der bekanntesten Regisseure von AIP war Roger Corman, der mit einigen bemerkenswerten Filmen auf sich aufmerksam machte (»Aufruhr im Mädchenheim« 1957). Trotz der geringen Produktionskosten boten Cormans oft selbstironische Filme überwiegend intelligente Unterhaltung. Die Mehrzahl seiner Filme stand thematisch in der Tradition von AIP: Horror- und Science-Fiction-Filme wie »It Conquered the World« (1956), »Die letzten Sieben« (1956), »Attack of the Crab Monsters« (1957), »Teenage Cave Man« (1958) oder »Das Vermächtnis des Professors Biondi« (1959) brachten ihm den Ruf des Königs der

Autokinos ein. Verfilmungen von Edgar Allen Poes Erzählungen hoben Cormans Arbeit aus dem Gros typischer AIP-Produktionen heraus. In seinen *gothic-horror*-Filmen nach Poe-Vorlagen (u. a. »Die Verfluchten« 1960, »Das Pendel des Todes« 1961, »Der Rabe – Duell der Zauberer« 1963) spielten berühmte Schauspieler wie Vincent Price, Boris Karloff, Ray Milland und Peter Lorre mit.

Nach dem Vorbild von AIP versuchten sich auch die großen Studios noch einmal an Genrestoffen im Low-budget-Bereich. Science Fiction wie der von Paramount produzierte »Kampf der Welten« (1953), Twentieth Century-Fox' Horrorfilm »Die Fliege« (1958) oder Allied Artists (ehemals Monogram) »Die Dämonischen« (1956) und Western wie von Anthony Mann (»Nackte Gewalt« 1953, »Der Mann aus Laramie« 1955, »Draußen wartet der Tod« 1955) und Budd Boetticher (»Seminola« 1953, »Der Siebente ist dran« 1956, »Messer an der Kehle« 1959) feierten Erfolge. Ende der 1950er Jahre zogen sich die großen Produktionsfirmen wieder aus dem Geschäft zurück und überließen AIP und den englischen Hammer-Studios den Markt der Horror- und Science-Fiction-Filme.

Für Hollywoods große Studios bedeutete das Erstarken der unabhängigen B-Filmproduktion in den 1950er und 1960er Jahren den Verlust ihres künstlerischen Nachwuchses, der jetzt bei den unabhängigen Produktionsfirmen sein kreatives Potenzial entfaltete. Die bei den großen Studios verbliebenen jungen Regisseure und Stars forderten nun mehr Mitspracherechte bei der Produktion. So zeigte der Aufstieg der

Roger Corman war eine der zentralen Figuren für den Erfolg des ›New Hollywood‹. Er produzierte unzählige Filme und förderte viele Regisseure und Filmleute, die seit den 1970er Jahren für eine wahre Renaissance Hollywoods sorgten.

Keine Geschichte war zu absurd, keine Idee zu abwegig. Wohl auch deswegen gewann das Low-budget-Kino der 1950er Jahre Kultstatus.

Mit den Verfilmungen der mysteriös-makabren Geschichten des US-amerikanischen Schriftstellers Edgar Allan Poe hatte Roger Corman unerwartet großen Erfolg.

unabhängigen Filmproduktion auch auf Seiten der großen Studios Wirkung: Unter der Regie von Elia Kazan (»Endstation Sehnsucht« 1951, »Die Faust im Nacken« 1954, »Jenseits von Eden« 1955), John Frankenheimer (»Die jungen Wilden« 1961, »Der Gefangene von Alcatraz« 1962, »Der Zug« 1965), Stanley Kubrick (»Der Tiger von New York« 1955, »Die Rechnung ging nicht auf« 1956, »Wege zum Ruhm« 1957) oder Sidney Lumet (»Die zwölf Geschworenen« 1957, »Der Mann in der Schlangenhaut« 1960) entstanden Filme mit einem moderneren Aussehen und neuen Erzählstrukturen. Die Abwanderungswelle zu den Unabhängigen förderte auch neue Gesichter ans Tageslicht: Schauspieler

Peter Lorre erlangte internationalen Ruhm in der Rolle eines psychotischen Kindermörders in Fritz Langs »M – Eine Stadt sucht einen Mörder« (1931). Als in Deutschland die Nationalsozialisten die Macht übernahmen, emigrierte Lorre über Paris und London 1935 nach Hollywood.

und Schauspielerinnen wie Marlon Brando, Doris Day, James Dean, Audrey Hepburn, Charlton Heston, Burt Lancaster, Marilyn Monroe, Paul Newman, Sidney Poitier oder Elizabeth Taylor verliehen ihren Figuren das, was in Hollywood bislang wenig gefragt war: differenziertere und kompliziertere Charaktere. Glamouröse und glatte Medienstars waren seit den 1960er Jahren weniger gefragt als Individualisten mit Ecken und Kanten.

Blockbuster

Trotz aller Neuerungen sanken die Besucherzahlen von 1946 bis 1960 um die Hälfte. Hollywood reagierte mit aufwändigen Filmspektakeln, den so genannten *blockbusters*. Die Bezeichnung *blockbuster* stammte noch aus der Zeit der Hollywoodstudios. Dabei handelte es sich um Filme, die aufgrund ihres großen Erfolges die durch die Blockbuchung *(block booking)* festgelegten Starttermine nachfolgender Filme sprengten. Insgesamt stellte Hollywoods Filmindustrie in den 1960er Jahren weniger, dafür aber um so verschwenderischer ausgestattete Filme her. Obwohl bereits in den 1950er Jahren einige Großproduktionen wie »Ben Hur« (1959) äußerst erfolgreich liefen, entwickelte Hollywood

Lee Marvin wurde zu Hollywoods Inbegriff des unbeugsamen und raubeinigen *tough guy*.

Szenen wie diese aus dem Film »Das verflixte siebte Jahr« (1955) festigten Marilyn Monroes Image als Sexikone Hollywoods.

seine *blockbuster*-Marktstrategie erst nach dem überwältigenden Erfolg des Musicals »Meine Lieder – meine Träume« (1965). Dessen Herstellung kostete acht Millionen Dollar, das Einspielergebnis betrug 72 Millionen Dollar.

Das in Salzburg spielende, mit pompösen Breitwand-Panoramen aufwartende Musical »Meine Lieder – meine Träume« (1965) sollte das alte Hollywood vor dem Untergang retten. Doch obwohl der Film erfolgreich lief, trug das angestaubte Konzept trotz technischer Aufrüstung keine Früchte mehr.

Hollywood setzte bei seinen *blockbusters* ganz auf das opulente Cinemascope-Format und neuste Filmtechnologien, auf einfache Geschichten, große Gefühle und Pathos. Kino sollte zum unvergleichlichen Erlebnis werden. Längere Laufzeiten und höhere Eintrittspreise sollten die Gewinne maximieren, die dann für die Produktion des nächsten großen Films verwendet werden konnten. Doch die Rechnung ging nur selten auf. Nach den alten Strickmustern gefertigte Großproduktionen wie »Cleopatra« (1963), »Doctor Dolittle« (1967), »Hello, Dolly!« (1969) oder »Tora! Tora! Tora!« (1970) fielen beim Publikum durch. Die teuren Produktionen bescherten den Studios ein großes finanzielles Fiasko. Die Konzentration auf wenige kostspielige *blockbuster* bei fehlender Absicherung des finanziellen Risikos durch eigene kostengünstige B-Produktionen erwies sich in den 1960er Jahren als fatal. Das alte Erfolgsrezept funktionierte nicht länger, weil eine seiner tragenden Säulen weggebrochen war. Die Filmindustrie

Der britische Bühnen- und Filmschauspieler Rex Harrison wurde mit Darstellungen exzentrischer und vornehmer britischer Gentlemen in Komödien und Sozialsatiren bekannt. Auch aus diesem Grund war er erste Wahl für das in England spielende Abenteuerfilm-Musical »Doktor Dolittle« (1967).

gab das *blockbuster*-Rezept auf, vermied hohe Investitionen und begab sich Anfang der 1970er Jahre auf die Suche nach anderen Wegen, die Filmproduktion erneut in die Gewinnzone zu bringen.

Lockerung der Selbstzensur:
Production Code und Altersfreigabe

1966 wurden auf Druck der Filmproduktionsfirmen und angesichts liberalerer Umgangs-
formen die Selbstregulierungsbestimmungen
der Filmindustrie – der Production Code – ge-
lockert. Das seinerzeit skandalöse Ehedrama
»Wer hat Angst vor Virgina Woolf?« (1966)
bedeutete dessen endgültiges Aus. Ein altern-
des Akademiker-Ehepaar, gespielt von Richard
Burton und Elizabeth Taylor, lieferte sich (zum
Entsetzen der geladenen Gäste) unter Alkohol-
einfluss ein hitziges Psychoduell, in dem die
Desillusionierung des Paares angesichts aller
Lebenslügen und angesammelten Frustratio-
nen auf erschreckende Weise zum Vorschein kam. Auf-

Mit seiner Hauptrolle in
»In der Hitze der Nacht«
(1967) ebnete Sidney
Poitier farbigen Schau-
spielern den Weg in die
Filme des von weißen
Darstellern dominierten
Hollywoodkinos.

grund des für damalige Verhältnisse provokativen und
anstößigen Sprachgebrauchs in den Dialogen und des
allen Vorgaben des Production Code zuwiderlaufenden
Inhalts erhielt der Film erst auf Druck von Jack Warner
von Warner Brothers eine Freigabe durch die MPAA.
Der Film wurde ein unerwartet großer Publikumserfolg
und erhielt fünf Oscars (bei dreizehn Nominierungen)
für die beste Schauspielerin, Nebendarstellerin, Schwarz-
weiß-Kameraarbeit, Ausstattung und das beste Kostüm-
Design. Der Production Code hatte spätestens mit
»Wer hat Angst vor Virgina Woolf?« seine Wirksamkeit
vollends eingebüßt.

Stanley Kubricks artifi-
zieller Gangsterfilm »Die
Rechnung ging nicht auf«
(1956) spielte geschickt
mit zeitlichen Strukturen
und Genremotiven.

Für Mike Nichols' Adaption des gleichnamigen Bühnenstücks von Edward Albee »Wer hat Angst vor Virginia Woolf?« gab es fünf Oscars. Das kammerspielartige Ehedrama lebte vor allem vom intensiven Spiel seiner beiden Hauptdarsteller Elizabeth Taylor und Richard Burton, die ironischerweise auch in ihrem Privatleben eine skandalträchtige Ehe führten. Der aus Wales in Großbritannien stammende Schauspieler Richard Burton war bekannt für seine eingängigen Porträts intelligenter und gutsituierter, oft aber depressiver und selbstdestruktiver Männer.

Nach dem Vorbild anderer westlicher Nationen wurde der Production Code 1968 durch ein von der MPAA entwickeltes altersorientiertes Bewertungssystem abgelöst. Nach zwischenzeitlichen Änderungen enthält es heute die Kategorien G (General), PG (Parental guidance suggested), R (Restricted, under 17 requires accompanying parent or adult guardian) und NC-17 (No one 17 and under admitted). Wie unzuverlässig und durchlässig die einzelnen Bewertungskategorien waren, zeigte etwa die 1984 eingeführte und inzwischen wieder verworfene PG-13 Bewertung als Reaktion darauf, dass trotz bestehender Beschränkungen Anfang der 1980er Jahren weiterhin Filme mit drastischen Gewaltdarstellungen in die Kinos kamen, die für Jugendliche freigegeben waren, darunter Steven Spielbergs »Indiana Jones und die Jäger des verlorenen Schatzes« (1981) und Joe Dantes »Gremlins – Kleine Monster« (1984).

Das neue Filmbewertungssystem gab der Filmproduktion weitaus mehr Spielraum als in der Zeit des Production Code. Insbesondere die Darstellung von Sexualität und Gewalt hielt in den 1960er Jahren erfolgreich Einzug in Hollywoods Filme. Hatte vorher der Erfindungsreichtum vieler Filmemacher zur Umgehung des strengen Production Code die kreative Entwicklung subtiler filmischer Verfahren gefördert, so widmeten sich zahlreiche Filmproduktionen nun der kunstvollen Inszenierung oberflächlicher Schockeffekte. Die Liberalisierung der Selbstkontrolle brachte zwar neue Bilder und Effekte hervor, doch die Filmproduktion verlor einen wichtigen Antrieb bei der Entwicklung subversiver Darstellungs- und Erzählweisen.

New Hollywood

Nach der Auflösung der vertikalen Firmenstruktur der großen Studios, die das klassische Hollywood prägte, folgte in den 1970er Jahren eine Phase wirtschaftlicher Umstrukturierung. Die meisten Studios wurden von großen, international operierenden Konzernen aufgekauft und Teil einer effizienteren, horizontal integrierten Struktur der Filmproduktion. Die Risiken wurden auf unabhängige Produzenten abgewälzt, während die selbständigen Kinobesitzer weiterhin vom Angebot der Vertriebsfirmen abhingen. Die Filmpolitik wurde unverändert von den Studios bestimmt, die Dank ihrer Vertriebsabteilungen – den zentralen Schaltstellen zwischen Herstellung und Aufführung – weiterhin über die größte Entscheidungsgewalt in Hollywood verfügten. Der künstlerische Zuschnitt ihrer Produkte bestimmte sich nach Maßgabe größtmöglicher ökonomischer Effektivität, und nicht wie noch im klassischen Hollywood nach dem Gespür der Studiobosse, Filmmoguln und einflussreichen Produzenten. Einmal erfolgreiche Filmkonzepte wurden permanent wiederholt.

Die Horror-Komödie »Gremlins« (1984) sollte zunächst ›blutiger‹ ausfallen. Weil Joe Dante und Warner Brothers beabsichtigten, einen Familienfilm in die Kinos zu bringen, verzichtete man auf noch drastischere Horrorszenen. Dennoch machte das Gerücht die Runde, dass »Gremlins« und »Indiana Jones und der Tempel des Todes« (1984) nur wegen der Beteiligung Steven Spielbergs nicht mit einer strengeren Altersfreigabe versehen wurden.

Doch während einer kurzen Phase von Ende der 1960er bis Anfang der 1970er Jahre öffnete die Blüte der unabhängigen Filmproduktion ein schmales Zeitfenster für kreativeres Filmemachen. Künstlerisch ambitionierte Filme eigenwilliger Regisseure und der spielerische Umgang mit den klassischen Hollywoodformen bereiteten den Weg in eine neue Ära. Es entstand das anfangs von der Filmkritik enthusiastisch gefeierte New Hollywood. Die Kritikervokabel New Hollywood bezeichnet indes unterschiedliche Tendenzen: Erstens ein kreatives Filmemachen unter Einfluss

Cute.
Clever.
Mischievous.
Intelligent.
Dangerous.

STEVEN SPIELBERG

GREMLINS

STARRING ZACH GALLIGAN
PHOEBE CATES HOYT AXTON POLLY HOLLIDAY FRANCES LEE McCAIN
MUSIC BY JERRY GOLDSMITH EXECUTIVE PRODUCERS STEVEN SPIELBERG,
FRANK MARSHALL KATHLEEN KENNEDY WRITTEN BY CHRIS COLUMBUS
PRODUCED BY MICHAEL FINNELL DIRECTED BY JOE DANTE

des europäischen Films, zweitens eine Reihe selbstbewusster Regisseure, die bestehende Hollywoodtradi-
tionen virtuos weiterentwickelten, und drittens die aus
diesen Entwicklungen resultierende Renaissance Hollywoods seit Mitte der 1970er Jahre, für deren Beginn vor
allem die Namen Steven Spielberg und George Lucas
stehen.

Die skurril-komische Rock-Operette »The Rocky Horror Picture Show« (1975) wurde, Hollywood sei Dank, zum Kultfilm. Das schrille Musical trieb mit Versatzstücken der Filmgeschichte, populären Mythen und parodistischen Einlagen ein fröhlich-überladenes bis obszön-vulgäres Spiel.

Filmische Subkultur und europäischer Einfluss

In einer Zeit, in der die Ermordung prominenter
Persönlichkeiten – allen voran John F. Kennedy und
Martin Luther King – und der Vietnamkrieg das kulturelle Selbstverständnis der Amerikaner erschütterten,
entwickelte sich ein alternatives Filmemachen. Teils
als Kritik an den starren Strukturen des alten Systems,
teils aus Liebe zum kritischen Gestus und zur Ästhetik
der zeitgenössischen europäischen Filmkultur sowie
mit mehr als 50 Jahren Filmkultur im Hintergrund,
entstand Ende der 1960er, Anfang der 1970er Jahre
neben dem Mainstream eine filmbegeisterte Subkultur.
Neben Autokinos wurden in dieser Zeit neue Abspielstätten wie Universitäts- oder Programmkinos und al-
ternative Vertriebs- und Vorführzirkel populär, die sich
auf die Präsentation kleiner Filmproduktionen spezialisierten. Sie machten Spätvorstellungen zum festen

Programmpunkt des Filmerlebnisses. So wurde beispielsweise die von Twentieth Century Fox produzierte Musikfilm-Horrorparodie »The Rocky Horror Picture Show« (1975, Regie: Jim Sharman) erst im Rahmen einer solchen Spätvorstellung berühmt.

Einer der Wegbereiter bei der Erneuerung Hollywoods war Roger Corman, der zu einer der Schlüsselfiguren wurde. 1970 trennte sich Corman von AIP und gründete die unabhängige Vertriebsfirma New World Pictures. Mit ihr produzierte Corman Filme aufstrebender junger Talente, die Hollywoods Kino zu neuem Ruhm verhalfen. Regisseure wie Peter Bogdanovich, James Cameron, Francis Ford Coppola, Joe Dante, Jonathan Demme, Monte Hellman, John Sayles und Martin Scorsese sowie die Schauspieler Dennis Hopper, Jack Nicholson, Robert de Niro und Sylvester Stallone zählten Dank Cormans Unterstützung nach 1970 zu Hollywoods führenden Persönlichkeiten.

Corman verwendete einen Teil der Gewinne aus seinen erfolgreichen Low-budget-Produktionen für den Erwerb der Vertriebsrechte an europäischen Kunstfilmen wie Ingmar Bergmans »Schreie und Flüstern« (1972), Federico Fellinis »Amarcord« (1974) oder Volker Schlöndorffs »Die Blechtrommel« (1979) und machte ein interessiertes Publikum und junge Filmtalente auf diese Weise mit dem aktuellen europäischen Kino bekannt. Auch Cormans ehemalige Firma AIP war darum bemüht, Filmtraditionen jenseits von Hollywood – vor allem die europäische Filmkultur – mit ihren Produktionen salonfähig zu machen. Peter Bogdanovichs »Bewegliche Ziele« (1968) etwa, mit der Ikone des Horrorfilms Boris Karloff in der Rolle eines alternden Horrorfilm-Stars, folgte deutlich den Spuren der französischen Nouvelle Vague. Dem Vorbild der französischen »Neuen Welle« war bereits seit Anfang der 1960er Jahre John Cassavetes – ein begabter Schauspieler und innovativer Regisseur, der für seinen improvisatorischen Stil bekannt wurde – mit experimentellen Filmen gefolgt. Sein Regiedebüt »Schatten« (1960) war ein früher Meilenstein des

Francis Ford Coppola führte unter anderem Regie bei den Klassikern des neuen Hollywood, der »Pate«-Trilogie (1972, 1974, 1990) und »Apocalypse Now« (1979).

Oft kritisiert für seine gewalttätigen Inszenierungen wurde Martin Scorsese als Regisseur zum einflussreichsten Interpreten der US-amerikanischen Kultur im modernen Hollywoodkino.

Robert de Niro war nicht nur Martin Scorseses Lieblingsschauspieler, er verstand es auch wie kaum ein anderer, sein Talent als *method actor* unter Beweis zu stellen. Das von dem russischen Schauspiellehrer Konstantin Stanislavsky entwickelte *method acting* stellte den Versuch dar, durch vollkommene (körperliche und psychologische) Identifikation mit der zu spielenden Rolle einen noch höheren Grad realistischer Darstellung zu erreichen.

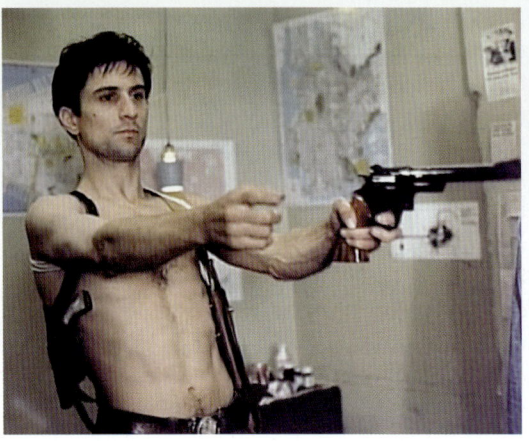

US-amerikanischen unabhängigen Films. Mit seinen Erfolgen als Schauspieler (z. B. »Das dreckige Duzend« 1967, »Rosemaries Baby« 1968) finanzierte Cassavetes oftmals die eigenen Regiearbeiten (»Gesichter« 1968). Auch Arthur Penns Gangsterballade »Bonnie und Clyde« (1967) bediente sich bei der europäischen Filmästhetik und irritierte Zuschauer und Filmkritik: Nicht nur die episodisch vagabundierende Schilderung der Geschichte des umherziehenden Gaunerpärchens, sondern vor allem seine poetische Gewaltinszenierung und insbesondere das zu einem Todesballett stilisierte Finale fanden zahlreiche Nachahmer. Ähnlich abrupte und offene Gewaltinszenierungen machten etwa zur gleichen Zeit die Filme des Regisseurs Sam Peckinpah berühmt (»The Wild Bunch – Sie kannten kein Gesetz« 1969), dessen Todesorgien offene Gewalt im Zeitlupentempo zelebrierten.

Das in der ökonomischen und künstlerischen Krise befindliche alte Hollywoodsystem erleichterte es Regisseuren und Schauspielern für kurze Zeit, mit den bekannten Hollywoodstandards zu experimentieren. Große Popularität erfuhren Filme wie »Die Reifeprüfung« (1967, Regie: Mike Nichols) mit Anne Bancroft und Dustin Hoffman, »Easy Rider« (1969, Regie: Dennis Hopper) mit Peter Fonda und Dennis Hopper, »Butch Cassidy und Sundance Kid« (1969,

Regie: George Roy Hill) mit Paul Newman
und Robert Redford, »M*A*S*H« (1970,
Regie: Robert Altman) mit Donald Sutherland
und Elliott Gould, »Getaway« (1972; Regie:
Sam Peckinpah) mit Steve McQueen und
Ali MacGraw, »Nur Pferden gibt man den
Gnadenschuß« (1969, Regie: Sydney Pollack)
mit Jane Fonda. Die Filme vermittelten ein
Zeitgefühl, das den soziokulturellen Umstän-
den Rechnung zu tragen schien: Ein Kino
der Entfremdung, des Zusammenbruchs, der
Anarchie und des Absurden. Das wohl hraus-
ragendste Beispiel dieser Zeit stammte vom
englischen Regisseur Stanley Kubrick. Sein bei

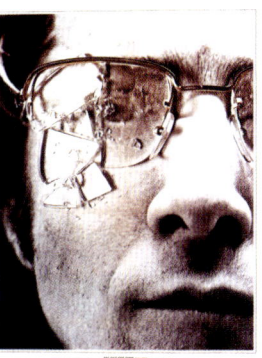

MGM produzierter »2001: Odyssee im Weltraum«
(1968) belebte nicht nur das Science-Fiction-Genre
neu, vielmehr revolutionierte sein ungewohnter, an
Michelangelo Antonioni und Federico Fellini erinnern-
der Stil die Filmsprache: Lange Einstellungen und ein
geradezu meditatives Erzähltempo, rätselhafter Symbo-
lismus, ironisierende Verwendung von Musik und das
allegorische Ende des Films setzten Maßstäbe.

Sam Peckinpahs Anti-
Western »Wer Gewalt
sät« (1971) war in vielen
Ländern wegen einer
Vergewaltigungsszene
lange Zeit verboten.

   Dieser neue Typus Hollywoodfilm spielte mit Standards wie erzählerischer Geschlossenheit *(continuity
system)*, technischer Perfektion, transparentem Stil
und moralisch korrekten Geschichten. Indem es seine

In dem modernen
Gangsterfilmklassiker
»Bonnie und Clyde«
(1967) endete ein
Traumpaar der Film-
geschichte, Catherine
Deneuve und Warren
Beatty, im Kugelhagel.
Die offen realistische
Darstellung des gewalt-
samen Todes rief ebenso
viele Kritiker auf den
Plan wie Nachahmer
in späteren Filmen.

Die temperamentvolle Gesellschaftssatire »Die Reifeprüfung« (1967) machte Schauspieler Dustin Hoffman zum Superstar und der von dem Musikerduo Simon & Garfunkel komponierte Song »Mrs. Robinson« wurde zum Evergreen.

Geschichten episodisch oder mit offenem Ausgang ohne *happy ending* erzählte, keinen besonderen Wert auf logische Ordnungsprinzipien legte, charakteranstatt handlungsorientiert war und auf eindeutige Identifikationsangebote verzichtete, dekonstruierte diese neue Art des Filmemachens Hollywoods klassisches Erzählkino. Internationale Ästhetik und neue Ideen hätten einen Ausweg aus der Krise der Filmindustrie bedeuten können, doch der Erfolg blieb bescheiden. Lediglich diejenigen Neuerungen, die bei Publikum und an der Kinokasse größeren Erfolg hatten und wirtschaftlich verwertbar schienen, wurden in die Mainstream-Produktion übernommen. Auf der anderen Seite fanden sich in den 1970er Jahren viele der ehemals Kreativen selbst in der Mainstream-Pro-

In »Der weiße Hai« (1974) imitierte Steven Spielberg die vor allem in neueren französischen Filmen verwendete *jump-cut*-Technik durch eine simple Montage. Anders als beim *jump cut*, bei dem aus einer kontinuierlich belichteten Filmaufnahme einzelne Segmente herausgeschnitten werden, montierte Spielberg drei verschiedene Einstellungen in rascher Folge hintereinander, was einen ähnlich sprunghaften Effekt ergab.

duktion der wiedererstarkten Filmindustrie Hollywoods wieder, wie z. B. Francis Ford Coppola mit seiner
»Der Pate«-Trilogie (1972, 1974, 1989/90). Dennoch:
Über den Umweg eines kurzzeitigen alternativen, eher
kunstfertigen Filmemachens gelangten Filmtechniken
des europäischen Kunstkinos nach Hollywood, wo
sie erfolgreich an bestehende Standards angepasst
wurden.

Aus alt mach neu: Die Movie Brats

Viele Regisseure des New Hollywood waren am klassischen Hollywood-Film sowie der zeitgenössischen
Filmkritik geschult, oftmals auch an Filmschulen aus-
gebildet worden. Einige der so genannten *movie brats*
besannen sich Anfang der 1970er Jahre auf alte Holly-
woodtraditionen, entwickelten deren zentrale Prinzipien
weiter und feierten damit große, auch international

Marlon Brando galt als
schwieriger, aber exzel-
lenter Schauspieler. Das
facettenreiche Spiel des
method actors Brando
verfügt über eine enor-
me emotionale Band-
breite und einzigartige
Ausdrucksfähigkeiten.

anerkannte, kommerzielle Erfolge. Zu den bedeutendsten *movie brats* zählen neben Francis Ford Coppola,
Steven Spielberg, George Lucas und Martin Scorsese
auch Brian de Palma, John Milius, Peter Bogdanovich,
William Friedkin, John Carpenter, Bob Rafelson und
Alan Pakula. Vielfältige Kontakte und Kooperationen
untereinander führten zur Intensivierung der Filmproduktion. Mit einer Reihe spektakulärer Filme wie

»Der Pate« (1971, Regie: Francis Ford Coppola),
»Der Exorzist« (1973, Regie: William Friedkin),
»Sugarland Express« (1974, Regie: Steven
Spielberg) oder »Hexenkessel« (1973, Regie:
Martin Scorsese) führten sie Hollywood aus
der Krise und gaben dem kommerziellen
Film neue Impulse. Auf diese Weise leiteten
die *movie brats* eine Renaissance ein, die
das krisengeschüttelte Hollywood seit Mitte
der 1970er Jahre wieder in neuem Glanz er-
strahlen ließ.

Eines der augenfälligsten Markenzeichen des Charakterdarstellers Jack Nicholson ist sein dämonischer Blick. In »Shining« (1980) machte Regisseur Stanley Kubrick aus-giebig davon Gebrauch.

Viele Werke der filmbesessenen Regieneu-
linge bezogen sich auf berühmte Vorbilder des klassischen Hollywood. Das Spiel mit verdeckten Anspielungen und offenen Filmzitaten sowie Remakes und
Hommagen begeisterten Publikum und Filmenthusi-
asten gleichermaßen. Der Filmwissenschaftler Stuart
Byron etwa wies in seinem 1979 im New York Magazine erschienen Aufsatz »The Searchers: Cult Movie of

Die komplizierte Story von »Chinatown« (1974), seine visuelle Gestaltung und die zentrale Figur des ahnungslosen Privatde-tektivs Jack Gittes (Jack Nicholson), der in einen Fall öffentlicher Korrup-tion und inzestuöser Ma-chenschaften verwickelt wird, leiteten die Wieder-kehr des *Film noir* ein.

the New Hollywood« nach, dass die zu Kultfilmen
avancierten »Taxi Driver« (1976, Regie: Martin Scorsese), »Star Wars – Krieg der Sterne« (1977, Regie:
George Lucas) und »Hardcore« (1979, Regie: Paul
Schrader) offen Anleihen bei John Fords Western-
klassiker »Der schwarze Falke« (1956) machten. Und
auch einige Filme von Peter Bogdanovich (»Die letzte
Vorstellung« 1971, »Paper Moon« 1973) waren Hommagen an Hollywoods berühmte Regisseure Howard

Nicht immer war sich das Filmteam um Howard Hawks beim Dreh der Philip-Marlowe-Geschichte »Tote schlafen fest« (1946) hinsichtlich der Logik der literarischen Vorlage sicher. Der eigens deswegen einbestellte Autor des gleichnamigen *hard-boiled*-Romans, Raymond Chandler, konnte kurioserweise selbst nicht zur Auflösung der Unklarheiten beitragen.

Hawks und John Ford. Das neue Kino der Anspielungen und des Zitierens setzte sich auch beim Publikum durch. »Chinatown« (1974), bei dem Roman Polanski Regie führte, markierte den Höhepunkt dieses Prinzips. Er adaptierte Elemente des Noir-Detektivfilms wie »Die Spur des Falken« (1941) oder »Tote schlafen fest« (1946), mischte sie zu einem kunstvollen Arrangement und intensivierte so den filmischen Ausdruck des klassischen *Film noir*.

Bei allem Neuerungselan im Zuge dieser Entwicklung blieben grundlegende Parameter des Hollywoodstils gültig. Gleichzeitig festigte die wirtschaftliche Reorganisation der Studios in Medienkonglomeraten Hollywoods Filmindustrie erneut. Die Krise ebbte ab, das alte System wurde Dank New Hollywood noch effektiver und erfolgreicher. Die Filmwissenschaftlerin Kristin Thompson hat in ihrem Buch »Storytelling in the New Hollywood« (1999) das Ergebnis von New Hollywood als Intensivierung der traditionellen Produktionspraxis in Hollywood beschrieben. Andererseits wurde auf diese Weise die kreative Phase New Hollywoods ihrer ebenso belebenden wie kritischen Kraft beraubt. Der Einfluss der Studios und des Publikums auf die Filmproduktion war unverändert groß, die kommerziell erfolgreichen *movie brats* hatten sich mit der Wiederbelebung des klassischen Hollywood-Stils auf höherem Niveau gegen das kreative Filmemachen durchgesetzt.

Steven Spielberg

Wegbereiter der Hollywood-Renaissance:
Steven Spielberg und George Lucas

Es waren vor allem die Regisseure Steven Spielberg und George Lucas, die mit ihren Filmspektakeln für eine Renaissance des klassischen Hollywood-Stils sorgten. Mit dem experimentellen Kurzfilm »Amblin'«, den er während seines Filmstudiums am California State College gedreht hatte, zog Steven Spielberg 1970 die Aufmerksamkeit der Produzenten von Universal Pictures auf sich. Mit nur 22 Jahren unterschrieb er seinen ersten Vertrag bei Universal und führte Regie bei den Fernsehserien »Columbo« und »Dr. med. Marcus Welby«. In dieser Zeit entstand der Fernseh-Thriller »Duell« (1971), der aufgrund seines Erfolges später auch in die Kinos kam. Spielbergs erste Spielfilmproduktion, das Kriminaldrama »Sugarland Express« (1974) wurde ein ebenso großer Erfolg und festigte seinen Ruf als Erfolgsregisseur. »Der weiße Hai«, ebenfalls von 1974, brachte ihm den endgültigen Durchbruch. Der Film beinhaltete alles, was auch die künftigen Spielberg-Produktionen kennzeichnete: Ein gewöhnlicher, aber sympathischer Charakter gerät unversehens in eine traumatische Situation, die sein Bewusstsein dramatisch verändert. In der Konfrontation mit geheimnisvollen und außergewöhnlichen Kräften, die ihr wahres bedrohliches Wesen erst im Verlauf der Geschichte preisgeben, wachsen Spielbergs Figuren über sich selbst hinaus.

Spielbergs Filme sind in der Regel schnell geschnittene, farbenfrohe Spektakel mit üppigem Soundtrack. Besonders seine Vorliebe für Spezialeffekte und spannungsreiche Elemente beeindruckte das junge Publikum, während seine Versuche, mit ähnlich effektvollen manipulativen Verfahren Filme für ältere Zuschauerschichten zu machen, zunächst misslangen (»Die Farbe Lila« 1985, »Das Reich der Sonne« 1987). Erst »Schindlers Liste« (1993) über einen deutschen Industriellen, der im Dritten Reich Juden vor dem sicheren Tod bewahrte, ließ seine Kritiker verstummen. Ein anderer historischer Stoff, »Der Soldat James Ryan« (1998),

der von der Landung der Alliierten in der Normandie im Zweiten Weltkrieg erzählte, beeindruckte vor allem durch seinen schonungslosen Realismus bei der Darstellung kriegerischer Gewalt zu Beginn, verlor sich aber in einer all zu konventionellen Auflösung. Auch »A.I. – Künstliche Intelligenz« (2001), ein Filmprojekt, das Spielberg

George Lucas

von dem zwischenzeitlich verstorbenen Stanley Kubrick übernahm, und in dem ein künstlicher Roboter-Junge vergeblich die Liebe seiner menschlichen Mutter zu gewinnen versucht, konnte nur teilweise überzeugen.

Durchgreifende Kommerzialisierung und anspruchslose Geschichten, wie sie zum Markenzeichen der Filme von Spielberg wurden, prägten den vorherrschenden Produktionsstil Hollywoods in den 1980er Jahren. Sein großer Einfluss auf Hollywoods Filme wurde 1987 mit dem Irving G. Thalberg Award der Academy of Motion Picture Arts and Sciences belohnt. 1994 gründete Spielberg zusammen mit den Studiomanagern Jeffrey Katzenberg und David Geffen die Unterhaltungsfirma DreamWorks SKG, die Spielfilme, Zeichentrickfilme und Fernsehprogramme produzierte. Bis heute hat Spielberg mit seinen auf große Unterhaltung spezialisierten und eskapistischen Visionen beispiellosen Erfolg.

Wie Spielberg besuchte auch George Lucas eine Filmschule. Mit Unterstützung des Kameramanns Haskell Wexler (»Wer hat Angst vor Virginia Woolf?« 1966) wurde Lucas am Filminstitut der University of Southern California aufgenommen. 1969 gründete er zusammen mit seinem Freund Francis Ford Coppola die unabhängige Produktionsfirma American Zoetrope. Von Anfang an hatte Lucas eine Vorliebe für das Genre des Science-Fiction-Films. Sein erster Spielfilm, »THX 1138« (1971), war im Gegensatz zu seinen späteren Science-Fiction-

Das Image des unbeugsamen Polizisten erwarb Roy Scheider bereits vor »Der weiße Hai« (1974). In der Rolle des Polizeichefs des kleinen Badeortes Amity kämpfte er gegen einen ungewöhnlichen Widersacher: einen gigantischen, mordlüsternen Hai.

Epen eine bittere Zukunftsvision über eine entmenschlichte Gesellschaft. Nach dem Überraschungserfolg mit dem komödiantischen Zeitgeist-Jugendfilm »American Graffiti« (1973) widmete sich Lucas schließlich seinem Lebensprojekt, der »Star-Wars«-Idee. Das intergalaktische Mantel-und-Degen-Märchen mit seinen skurrilen Charakteren inmitten realistischer Kulissen und seinen zahlreichen atemberaubenden Spezialeffekten entsprach den neuen Produktions- und Vermarktungsstrategien: eine einfache Idee, inszeniert mit neuster technischer Ausrüstung, verkaufsfördernd publik gemacht durch einen enormen Werbeaufwand und gewinnträchtig vermarktet in unzähligen Merchandising-Produkten und Fanartikeln. Bereits kurz nach der Erstaufführung erreichten die Zuschauerzahlen Rekordniveau und das Einspielergebnis überflügelte das von Spielbergs »Der weiße Hai« mühelos. »Star Wars – Krieg der Sterne« (1977) war in jeder Hinsicht das erste perfekte Filmprodukt des neuen Hollywood. Der Science-Fiction-Film brachte bei einem Produktionsaufwand von 11 Millionen Dollar die beispiellose Einspielsumme 500 Millionen in die Kassen. Der Film mischte Science Fiction mit Genreelementen des Western, des Kriegsfilms und des Märchenfilms zu einem spektakulären Pastiche, das sehr schnell Kultstatus erwarb. Wegweisend war der Film auch hinsichtlich des Einsatzes neuer computergesteuerter Tricktechnologien. Damit markiert »Star Wars«

Die Macht der Bilder: Gesichter, Fantasiewesen, Roboter und Raumschiffe der »Star Wars«-Reihe sind aus der Ikonographie der Popkultur nicht mehr wegzudenken.

zugleich einen Anfang für zwei Tendenzen des neuen Hollywood: Der Film stand für ein ebenso ungezügeltes wie unterhaltsames Spiel mit Versatzstücken der Filmgeschichte, für einen selbstverliebten Ästhetizismus wie er für das postmoderne Filmemachen in Hollywood typisch ist, und begründete den Siegeszug digitaler Tricktechnik in Hollywoods Filmproduktion.

Die mit »Star Wars« einsetzende Wiederbelebung des Science-Fiction-Genres bescherte der von Lucas' Filmteam entwickelten Tricktechnik große Erfolge. Lucas selbst beutete seine Idee mit vier weiteren Folgen aus (»Das Imperium schlägt zurück« 1980, »Die Rückkehr der Jedi-Ritter« 1983, »Star Wars: Episode I – Die dunkle Bedrohung« 1999, »Star Wars: Episode II – Angriff der Klon-Krieger« 2002). Die insgesamt sechste Folge der »Star-Wars«-Reihe ist für 2005

geplant. Durch das Serienprinzip gelang es Lucas, das ohnehin schon profitable *blockbuster*-Konzept noch gewinnträchtiger zu machen. Neben der Arbeit an »Star Wars« beteiligte sich Lucas auch als *executive producer* an Spielbergs »Indiana-Jones«-Trilogie, die nach dem gleichen Serien-Prinzip funktionierte.

Lucas' Interesse galt vor allem der Entwicklung computergesteuerter Tricktechniken. 1978 gründete er eine eigene Produktionsfirma (Lucasfilm Ltd.). Unter ihrem Dach entstand die berühmte Firma für Spezialeffekte, Industrial Light & Magic (ILM), von der sich die später ebenfalls erfolgreiche Trickeffekte-Firma Pixar abspaltete. Neben der Entwicklung realistisch wirkender Computeranimation betätigte sich Lucas auch im Bereich der Freizeitindustrie (Disneyland, Computerspiele) und entwickelte einen neuen Standard für die Tonwiedergabe in Kinos (THX). Inzwischen ist Lucas eine der einflussreichsten Persönlichkeiten der Filmindustrie.

Das biografische Holocaust-Drama »Schindlers Liste« (1993) veränderte Steven Spielbergs Image als Meister der zwar spannenden aber auch seichten Unterhaltung und brachte dem ehemaligen Theaterschauspieler Liam Neeson eine Oscar-Nominierung als bester Schauspieler.

Die Erschließung neuer Zuschauerschichten

Auch wenn ambitioniertere US-amerikanische Kunst-
filme vorübergehend Erfolg hatten und für das wieder-
erstarkende Hollywoodkino der 1970er Jahre die eine
oder andere neue Vorlage lieferten, waren es eher Strate-

gien der *exploitation*-Filme à la AIP
und Roger Corman, deren Grund-
strukturen sich in den späteren
blockbusters fortschrieben. Dies war
inhaltlich anspruchsloses Unter-
haltungskino, das technisch und
inszenatorisch auf hohem Niveau auf
Schockmomente und nervenzerren-
de Spektakel setzte wie in »Stirb lang-

Wie in den Low-budget-
Monsterfilmen der
1950er Jahre beutete
»Jurassic Park« (1993)
menschliche Urängste
vor menschenmorden-
den Fabelwesen aus.
Anders als damals aller-
dings ermöglichte die
neue Computertechnik
verblüffend realistische
Effekte, mit denen
das monströse Spek-
takel in völlig neue
Dimensionen vorstieß.

sam« (1988) oder »Jurassic Park« (1993). Die meisten
der seit Mitte der 1970er Jahre erfolgreichen Großproduktionen verwendeten immer wieder Effekthascherei
nach Vorbild der *exploitation*-Filme.

In den frühen 1970er Jahren stieß eine besondere
Form des *exploitation*-Films auf großes Publikumsinte-
resse: Filme mit farbigen Schauspielern wie »Superfly«
oder »Blacula« (beide 1972), die ein farbiges Publikum
ansprechen sollten, so genannte *black exploitation movies*
(kurz: *blaxploitation movies*). Anders als in den Darstellungen von Minderheiten in Filmen mit sozialkritischem
Inhalt, die in den 1960er Jahren populär wurden wie »In
der Hitze der Nacht« (1967), nahm diese neue Form des
exploitation-Films die afroamerikanische Kultur in den
USA nur zum Vorwand, die zahlungskräftige farbige
Klientel in die Kinos zu locken. Im Zentrum der Filme
standen farbige Helden und die Handlungen spielten
in ihren Milieus. »Wenn es Nacht wird in Manhattan«
(1979) bildete den Auftakt einer Reihe von Filmen,
deren stereotype Charaktere bald wie Karikaturen jener
Filme aussahen, die in den zwei Jahrzehnten zuvor so
erfolgreich eine Politik sanfter Liberalisierung bei der
Darstellung sozialer Minderheiten im Hollywoodkino
bedeutet hatten. Gleiches galt für die vor allem aus
kommerziellen Gründen auf Gewalt und Sex setzenden
Handlungen, die mit populärem Soundtrack und attrak-

tiven Darstellern große Gewinne einspielten. Der Kriminal-Action-film »Shaft« von 1971 erhielt sogar einen Oscar für die beste Filmmusik und etablierte Hollywoods Filme mit Farbigen im Mainstream. Die *blaxploitation*-Welle brachte auch eine Reihe afroamerikanischer Heldinnen hervor. »Foxy Brown« (1974)

etwa machte Hauptdarstellerin Pam Grier zu einer Sex-Ikone des *blaxploitation*-Films. Obwohl auch außerhalb von Hollywood Filme von Farbigen über Farbige wie Melvin Van Peebles' »Sweet Sweetbacks Lied« (1971) mit politischem Anspruch produziert wurden, hatten die kommerziellen Ableger aus Hollywood so viel Erfolg, dass sie halfen, die in die finanzielle Krise geratenen Hollywoodstudios zu sanieren. Das Rezept der *blax-ploitation*-Filme indes findet sich nicht nur in Hollywoods späteren *blockbusters* wieder, es dient bis in die Gegenwart mit leichten Modifikationen als Erfolgs-garant, so etwa in *buddy movies* mit einem weißen und einem farbigen Helden wie in »Zwei stahlharte Profis« (1987) oder auch »Pulp Fiction« (1994).

Die Action-Komödie »Wenn es Nacht wird in Manhattan« (1970) um die beiden farbigen Polizisten Grave Digger Jones (Godfrey Cambridge) und Coffin Ed Johnson (Raymond St. Jacques) sowie den farbigen Geistlichen Reverend Deke O'Malley (Calvin Lockhart) war im Unterschied zu vielen anderen *blaxploitation*-Filmen ein sehenswertes Kleinod.

In der Rolle des Gangsters Jules Winnfield kehrte Samuel L. Jackson in »Pulp Fiction« (1994) zu seinen Wurzeln als *bad guy* zurück – allerdings in einer grandiosen Parodie.

Hollywood bleibt Hollywood

Nach dem experimentellen New-Hollywood-Inter-
mezzo trat Hollywoods Filmindustrie erst mit dem
überwältigenden Erfolg des von Universal Pictures
produzierten Horror-Thrillers »Der weiße Hai« in
eine neue Phase ein. Die Geschichte um den kleinen
Badeort Amity, der von einem mörderischen weißen Hai heimgesucht wird, hat weltweit 470,6 Millionen Dollar eingespielt – bei Produktionskosten von
12 Millionen Dollar. »Der weiße Hai« war ein kalku-
lierter *blockbuster,* ähnlich den großen A-Produktionen
der Studio-Ära. Doch das neue Hollywood verfügte
nicht länger über eine eigene B-Produktion, die das
Verlustrisiko teurer Prestigeproduktionen kompen-
sieren konnte.

Aus diesem Grund konzipierte man Filmprodukte
von Anfang an als universell verfügbare Unterhal-
tungsvehikel, die in allen medialen Präsentations-
formen Profite erwirtschafteten: als Spielzeuge,
Bekleidung, Musikvideos, Tonträger, Computerspiele,
Freizeitparkattraktionen, Fernsehserien, Comics
oder Romane. Die Gewinne aus dem Verkauf von
Merchandisingprodukten waren von nun an fester
Bestandteil der Kalkulation jedes Films. Der einzelne
Film wurde zum Teil eines ganzen Produktensembles
und damit selbst Werbeträger für andere Produkte.
Zugleich wurde eine riesige Werbemaschinerie
in Gang gesetzt, die in einflussreichen Zeitungen
und Zeitschriften und im Fernsehen für die Filme
warb. Dieses System stellte die blockbuster-Kalku-
lation auf sichere Füße und machte die fehlende
B-Filmproduktion als Risikoausgleich mehr als wett.

Solche Marketingkampagnen zeitigten beeindruckende Erfolge. Die Katastrophen-Filmromanze »Titanic«
(1997) spielte mehr als 600 Millionen Dollar ein, der
Science-Fiction-Kinderfilm »E.T. – Der Außerirdische«
(1982) 434 Millionen Dollar, das im Inhalt chronologisch vorangestellte »Star Wars: Episode I – Die dunkle
Bedrohung« (1999) 431 Millionen Dollar, der Comic-
Fantasyfilm »Spiderman« (2002) 403 Millionen Dollar,

das Dinosaurier-Spektakel »Jurassic Park« (1993) 356 Millionen Dollar, die Komödie »Forrest Gump« (1994) 329 Millionen Dollar und der Zeichentrickfilm »Der König der Löwen« (1994) 327 Millionen Dollar.

Die Kontrolle der Filmproduktion durch internationale Konzerne führte dazu, dass ungewöhnliche Projekte kaum noch eine Chance hatten. Die Machart einmal erfolgreicher Filme wurde wieder und wieder kopiert. Die neue Filmpolitik hing an Marketingentscheidungen, die sich in erster Linie am Verkaufspotenzial der Produktpalette bemaßen und weniger an künstlerischer Qualität. Die Kreativität vieler Regisseure und Filmleute floss eher in verbesserte Rezepte zur Effektmaximierung anstatt in die Entwicklung neuer Stoffe und Erzählstrategien. Doch obwohl *blockbuster* die Richtung vorgaben, existierten auch andere Formen, die die Nischen besetzten. Der Filmhistoriker Thomas Schatz unterscheidet für das seit 1975 florierende neue Hollywood-Kino drei Typen von Filmen: erstens die auf Franchising und Multimedia-Verwertung angelegte, marktbeherrschende Großproduktion, zweitens vergleichsweise kostenintensive A-Filme mit einem Star als Zugpferd und dem Potenzial zum Kassenschlager, sowie drittens den kostengünstigen und unabhängig produzierten kleinen Film für spezielle Zuschauergruppen (T. Schatz: »The New Hollywood«, in: Jim Collins u. a. [Hg.]: Film Theory Goes to the Movies. London 1993, S.35).

Seit den 1990er Jahren sind nach Comic-Vorlagen gestaltete Filme wie »Spider-Man« (2002) in Hollywood wieder sehr populär.

Filme wurden zunehmend als gesellschaftliche Großereignisse inszeniert, während künstlerische Qualität eine immer geringere Rolle zu spielen schien. Der Medienhype etwa um Filme wie »Batman« (1989), »Jurassic Park« (1993) oder »Titanic« (1997) ließ die einfachen Geschichten, die vor allem von der Tricktechnik lebten, als unverzichtbare Kulturgüter erscheinen, die man gesehen haben musste, um mitreden zu können.

Steven Spielberg umschrieb die Produktionsstrategie Hollywoods mit den Worten: »Wenn mir jemand eine Idee in 25 Worten oder weniger erzählen kann, wird daraus ein ziemlich guter Film.« Auf ästhetischer Ebene resultierte der Erfolg der neuen Großproduktionen Hollywoods aus einer Reduzierung von Handlungsabläufen und Zusammenhängen auf das dramaturgisch Notwendigste bei gleichzeitiger Maximierung spannungserzeugender visueller und akustischer Effekte. Die auf klassischen Inszenierungsstrategien beruhende Schockdramaturgie etwa von »Der weiße Hai« mit filmhistorischen Anleihen bei »King Kong und die weiße Frau« (1933) und »Moby Dick« (1956) rief bei den Zuschauern tief sitzende Ängste wach und brachte jenes Gefühl in die Kinos zurück, das Hollywoods Filme nach der Studioära verloren zu haben schienen. »Der weiße Hai« definierte nicht nur das Genre des Horror-Thrillers neu, er machte das Kino wieder zu einem Ort unglaublicher Erlebnisse und Sensationen.

Der Australier Mel Gibson konnte sich nach seinen Erfolgen mit der »Mad Max«-Reihe (1979, 1981, 1985) als Star in Hollywood etablieren. An dem ambitionierten historischen Schlachtenepos »Braveheart« (1995) war Gibson als Schauspieler, Regisseur und Produzent beteiligt.

Filmerzählungen aus Hollywood wendeten sich also erneut bekannten Prinzipien aus der Studioära zu, insbesondere dem Genrefilm. Dieser diente als Ausgangsmaterial für spektakuläre Bearbeitungen etwa durch Mischung unterschiedlicher Genres oder der gezielten Übertretung von Genrekonventionen. In der Regel benötigte man für die Produktion erfolgreicher Filme eine großzügig beworbene Romanvorlage, einen Star und einen berühmten Regisseur sowie ein Genre, das mit einem von beiden in Verbindung gebracht werden konnte. Ausgeklügeltes Merchandising und Franchising erledigten den Rest.

Studios

Mit der erfolgreichen Rückkehr des *blockbuster*-Konzepts erlebten die Hollywoodstudios eine erneute Blüte. Im Grunde hatte sich an der Vormachtstellung der Filmgesellschaften Hollywoods nach der Umstrukturierungsphase der 1960er und 1970er Jahre erstaunlich wenig geändert. Neben der erfolgreichen Umgestaltung der Produktions- und Vertriebsorganisation von Filmen im Massenmarkt der Freizeit- und Fanartikelindustrie sorgten Video und Bezahlfernsehen für zusätzliche Absatzmärkte.

Die enormen Gewinne, die Hollywood mit seinem Filmgeschäft erzielte, lockten ausländische Investoren und fremdes Kapital an. Die neuen Besitzer stellten ihre globale Infrastruktur zur Verfügung und schufen damit Gelegenheit zur Auslagerung und Verbilligung der Filmproduktion. Zudem standen Hollywood jetzt Vertriebswege und Absatzmärkte der international agierenden Konzerne zur Verfügung. Die alten Filmmoguln waren zwar schon lange nicht mehr an der Macht, doch die in internationalen Konzernen integrierten Filmfirmen monopolisierten weiterhin den Markt der Filmproduktion sowohl in den USA als auch weltweit. Die ›goldene Zeit‹ des Studiosystems in den 1930er und 1940er Jahren, die lange als erfolgreichste Phase Hollywoods galt, wurde jetzt zumindest in ökonomischer Hinsicht bei weitem übertroffen. Wie zu Beginn Hollywoods beherrschten auch jetzt wieder die großen Filmgesellschaften den weltweiten Markt der Filmproduktion, auch wenn zwischenzeitlich kleinere Firmen wie Cannon und Orion oder unabhängige Produzenten die Bühne Hollywoods betraten, auch wenn neue Produktionsorte und -zusammenhänge wie Indiens ›Bollywood‹ seit den 1990er Jahren verstärkt als Konkurrenten auf den Plan traten.

Sieben große Gesellschaften, die über Produktions- und Vertriebseinheiten verfügen, dominieren seither den Markt: AOL Time Warner (Warner Brothers), Viacom (Paramount), MGM/United Artists, Disney, MCA (Universal), News Corporation Ltd. (Twentieth Century-Fox) und Sony Pictures Entertainment (Columbia). Obwohl diese Firmen in den USA gegenwärtig nur mit etwa 30 Prozent an der gesamten jährlichen Filmproduktion beteiligt sind, fließen 90 Prozent aller

Filmeinnahmen in ihre Kassen. Aus den einstmals auf Filmproduktion festgelegten Studios wurden Produktionsstätten einer multimedialen Unterhaltungsindustrie.

Die einzige in Hollywood verbliebene Filmgesellschaft ist Paramount. 1966 wurde Paramount in den Mischkonzern Gulf + Western Industries eingegliedert, der 1989 in Paramount Communications umbenannt wurde. 1994 erfolgte der Zusammenschluss mit dem Medienkonzern Viacom. Neben der Film- und Fernsehproduktion investierte Paramount Communications in den aufblühenden Videomarkt und beteiligte sich mit MCA/Universal am US-Kabelfernsehnetz sowie an dem Verlag Simon & Schuster. Seit 1970 konnte sich Paramount unter anderem mit »Love Story« (1970), der überaus erfolgreichen »Der Pate«-Reihe (1972, 1974, 1989/90), Steven Spielbergs »Indiana Jones«-Trilogie (1981, 1983, 1988), der seit 1979 erfolgreich in das Kinoformat übertragenen Fernsehserie »Raumschiff Enterprise« (bis 2003 zehn Kinofilme), monumentalen Spektakeln wie »Braveheart« (1995), eigenwilligen Komödien wie »Forrest Gump« (1994) oder dem Unterwasser-Actionthriller »Jagd auf Roter Oktober« (1990) im Filmmarkt positionieren.

Warner Communications ging noch einen Schritt weiter. 1969 wurde Warner Brothers Pictures Inc. zu Warner Bros. Inc., einer Tochtergesellschaft der neuen Warner Communications Inc. Aus der Fusion von Warner mit der Verlagsgruppe Time Inc. ging die Time Warner Inc. hervor, die 1989 zum bis dahin größten Medienkonzern der Welt und zum wegweisenden Modell der Beteiligung fremden Kapitals am Filmgeschäft avancierte. Eigene Kabelkanäle, Zeitschriften und eine eigene Fernsehproduktion ermöglichten Warner große Gewinne. Die Filmproduktionsabteilung von Warner Brothers stellte einige der erfolgreichsten Filme der 1990er Jahre her, darunter »Die Farbe Lila« (1985), die populären Comic-Fantasy-Feuerwerke »Batman« (1989) und »Batman Returns« (1992) unter der Regie des ehemaligen Trickfilmzeichners der Disney-Studios Tim Burton, die erfolgreiche »Lethal Weapon«-Reihe sowie »Zwei stahlharte Profis«, das in vier Teilen von 1987–1998 erschien.

Twentieth Century-Fox überstand finanzielle Rückschläge in den 1960er und 1970er Jahren Dank Hits wie »Patton – Rebell in Uniform« (1970) oder »M*A*S*H« (1970) vergleichsweise problemlos. In den 1970er Jahren feierte das Studio größere Erfolge mit dem Katastrophenfilm »Flammendes Inferno« (1974) und mit dem bis dahin profitabelsten Film aller Zeiten, dem Science-Fiction-Märchen »Star Wars – Krieg der Sterne« (1977). Als Twentieth Century-Fox zu Beginn der 1980er Jahre dennoch in finanzielle Schwierigkeiten geriet, kaufte Ölmagnat Marvin Davis 1981 die Firma. Doch die Finanzprobleme blieben. Schließlich konnte aber auch Twentieth Century-Fox vom Interesse fremder Geldgeber profitieren. 1985 übernahm der Mediengigant News Incorporated des Zeitungstycoons Rupert Murdoch das Studio und formierte aus der Twentieth Century-Fox Film Corporation den Fox Television Studios Inc. und aus der Fox Broadcasting Company die neue Fox Inc. Er sanierte nicht nur die Filmproduktion, sondern verwandelte Fox Inc. in ein Medienimperium gigantischen Ausmaßes. Dies schlug sich auch in den Investitionen nieder: Kostete der überaus erfolgreiche *box-office*-Hit »Stirb langsam« 1988 ›nur‹ 28 Millionen Dollar, so investierte Fox in Filmprojekte wie »Titanic« (1997) die bis dahin einmalige Summe von 200 Millionen Dollar. Seit der Übernahme durch Murdoch ist Fox Inc. eines der produktivsten Filmstudios Hollywoods. Zugleich wurde Fox zu einem der wichtigsten Fernsehanbieter der USA überhaupt. Fox Channel Network produzierte äußerst erfolgreich Fernsehserien wie »L.A. Law« (seit 1986) oder »Die Akte X« (seit 1993).

Filmplakate gehören inzwischen zu den meistgehandelten Merchandising-Artikeln und Sammlerobjekten der Filmindustrie.

Der Mischkonzern für Medienprodukte MCA/Universal hatte nicht nur Erfolg mit den Filmen seiner Filmproduktionsabteilung Universal Pictures, sondern auch mit Tonträgern, Freizeitparks und -artikeln. Die Filmproduktion von Universal feierte in den 1980er und 1990er Jahren sowohl mit ambitionierten Filmen wie dem Kunst-Science-Fiction »Brazil« (1985) oder dem Geschichtsdrama »Schindlers Liste« (1993) Erfolge, als auch mit originellen Familienfilmen wie dem Science-Fiction-Märchen »E.T. – Der Außerirdische« (1982) oder der Komödie »Zurück in die Zukunft« (1985). Das boomende Geschäft von MCA/Universal wurde 1990 vom japanischen Elektronikkonzern Matsushita Inc. übernommen, aber bereits 1995 an den kanadischen Getränkehersteller Seagram weiterverkauft. Seit der Fusion mit dem Medienkonzern Vivendi und dem französischen Bezahlfernseh-Anbieter Canal+ im Jahr 2000 nennt sich die Produktionsfirma nun Vivendi Universal.

Nach dem Tod von Firmengründer Walt Disney 1966 stagnierte die Filmproduktion seiner Firma. Lediglich der Disneyland-Themenpark in Anaheim (Kalifornien) und der 1971 in Orlando (Florida) eröffnete, Disneyworld genannte Themenpark mit Hotels, Erholungs-, Sport- und weiteren Freizeiteinrichtungen erwirtschafteten noch Gewinne. Erst 1983 erhielt die Walt Disney Company ein neues Management. Dank seiner Vertriebsabteilung Buena Vista konnten die Disney-Studios in den 1980er Jahren mit den großen Firmen gleichziehen. Die auf Zeichentrickfilme spezialisierte Firma gründete in den 1980er Jahren unter der Führung von Walt Disneys Schwiegersohn Ron Miller sowie Studioleiter Jerry Katzenberg und dem ehemaligen Paramount-Präsidenten Michael Eisner die Tochtergesellschaften Touchstone (»Splash – Jungfrau am Haken« 1984, »Pretty Woman« 1990) und Hollywood Pictures (»Arachnophobia« 1990, »Tombstone« 1993). Wendeten sich Disneys Zeichentrickfilme eher an ein junges Publikum, so erschlossen die beiden Neugründungen den Zugang zum erwachsenen Publikum. Mit einem breit angelegten Filmangebot verfolgte die Disney Company eine solide Produktionsstrategie. Filme wie das Jugenddrama »Club der toten Dichter« (1988) oder David Lynchs rätselhaftes Filmpoem »Mulholland Drive« (2001) auf der einen Seite und klassische Filme wie die romantische Komödie »Pretty Woman« (1990) oder der Science-Fiction-Katastrophenfilmen »Armageddon – das jüngste Gericht« (1998) auf der anderen Seite erreichten ein breites Publikum. Daneben gelangten Filme unabhängiger Produktionsfirmen über Disneys Vertriebsfirma Buena Vista zu großer Popularität, etwa der von Miramax produzierte, jetzt schon zum modernen Klassiker gewor- dene Gangsterfilm »Pulp Fiction« (1994), der über Nacht den jungen Regisseur Quentin Tarantino zu einem Star des Regiefaches machte. 1993 wurde die erfolgreiche Miramax von der Disney Company gekauft und unabhängige Tochterfirma. Die Disney Company selbst blieb bei ihrem Geschäft und produzierte weiterhin überaus populäre Trickfilme wie »Arielle – Die Meerjungfrau« (1989) und stieg mit »Toy Story« (1995) erfolgreich in das aufblühende Geschäft mit computeranimierten Trickfilmen ein. Aber auch das Disneyworld-Projekt wurde weiter verfolgt. Der 1992 in Marne-la-Vallée bei Paris gegründete Euro-Disney Themenpark wurde allerdings zum Gegenstand kritischer Auseinandersetzungen über die Vormachtstellung der US-amerikanischen Kulturindustrie auf europäischem bzw. französischem Boden. 1996 stieg Disney in das Fernsehgeschäft ein und kaufte Capital City/ABC mit dem Fernseh-Netzwerk ABC, und eröffnete einen eigenen Fernseh-Kanal (»Disney Channel«) für das Bezahlfernsehen.

1968 wurde Columbia reorganisiert und änderte den Firmennamen von Columbia Pictures Corporation zu Columbia Pictures Industries mit Columbia Pictures und Screen Gems als Hauptabteilungen. Columbia finanzierte seit den späten 1960ern bis in die frühen 1980er Jahre einige anspruchsvollere Filme wie »Easy

Die Übererfüllung einer ästhetischen Norm wird als Kitsch bezeichnet: In dieser Hinsicht war die Romanze »Pretty Woman« (1990) höchst erfolgreich veredelter Kitsch, der in seinem Genre neue Maßstäbe setzte.

Rider« (1969), »Five Easy Pieces – Ein Mann sucht sich selbst« (1970), »Die letzte Vorstellung« (1971) und »Der große Frust« (1983). Dennoch geriet Columbia in den 1970er Jahren in immer tiefere finanzielle Schwierigkeiten. Erst ein Managementwechsel brachte mit Filmen wie »Shampoo« (1975) und »Unheimliche Begegnung der dritten Art« (1977) den Erfolg zurück, der bis in die 1980er Jahre anhielt (»Tootsie« 1982, »Gandhi« 1982, »Der letzte Kaiser« 1987). 1982 kaufte Coca-Cola Columbia und rief im selben Jahr das neue Filmstudio Tri-Star Pictures ins Leben, das 1987 mit Columbia zu Columbia Pictures Entertainment Inc. zusammengeschlossen wurde. Trotz professioneller Marktforschungsstrategien

und produktübergreifender Werbung gelang es Coca-Cola nicht, die Filmproduktion der Columbia wieder profitabel zu machen. 1989 wurde Columbia von der japanischen Sony Corporation übernommen und in Sony Picture Entertainment eingegliedert. Mit Filmen wie »Tiger & Dragon« (2000) oder »Spiderman« (2002) wurde Columbia erneut erfolgreich.

Der Regisseur von »Mulholland Drive« (2001), David Lynch, ist eigentlich kein typischer Vertreter Hollywoods. Seine Versuche, dort Fuß zu fassen, scheiterten zumindest in künstlerischer Hinsicht (»Dune« 1984). Dennoch beeinflussten seine sonderbaren Geschichten und Figuren sowie seine Kunstfertigkeit bei der Bild- und Soundgestaltung zahlreiche Nachahmer in Hollywood.

Von den großen Studios wurde nur MGM nicht von einem internationalen Medienkonzern übernommen. Allerdings musste das ehemals luxuriöse Studio zahlreiche Besitzerwechsel überstehen: Finanzier Kirk Kerkorian (1970), Kabel-TV Mogul Ted Turner (1986), der italienische Finanzier Giancarlo Parretti (Pathé Communications, zuvor Cannon Films, 1990), die französische Staatsbank Crédit Lyonnais (1994) und wiederum Kerkorian (1996) zeichneten dafür verantwortlich, dass MGM rapide an Bedeutung verlor. Auch die Übernahme von United Artists in den frühen 1980er Jahren änderte wenig am steten Abstieg von MGM, trotz erfolgreicher Filme wie »Thelma & Louise« (1991) oder »Schnappt Shorty« (1995).

Zwar machte die Eingliederung in multinationale Konzerne Hollywoods Studios zu Spekulationsobjekten

Tabelle 2: Marktanteil von US-Filmen auf europäischen Märkten.

	1980	1981	1982	1983	1984	1985	1986	1987	1988	1989	1990	1991	1992	1993	1994	1995
Belgien	47	48	43	52	56	68	72	62	64	69	74	80	78	79	79	79
Dänemark	45	49	50	53	51	61	61	56	60	64	77	83	82	80	79	77
Deutschland	52	53	55	60	66	59	63	58	64	70	75	76	83	79	77	75
Frankreich	35	31	30	35	37	39	43	44	46	55	57	59	58	57	58	58
Griechenland	58	56	51	56	63	77	79	81	85	86	87	88	88	89	88	87
Großbritannien	80	80	81	82	83	80	80	89	77	79	78	80	79	77	76	75
Irland	88	87	86	84	83	83	81	80	79	75	87	92	91	90	89	88
Italien	34	33	32	42	46	47	50	46	56	65	75	69	70	71	73	74
Luxemburg	60	60	62	62	64	65	65	65	65	68	78	84	82	83	84	85
Niederlande	49	46	51	59	60	72	74	63	76	77	86	93	91	90	89	88
Portugal	46	56	44	47	48	51	64	67	72	78	81	85	81	80	81	82
Spanien	44	46	48	50	52	54	56	58	64	73	72	69	69	67	66	64
EG	46	45	44	50	52	54	58	58	62	69	72	72	73	71	71	71

Quelle: Merged Database/BIPE

fremder Interessen, doch der neue Status sicherte nicht nur die Existenz, sondern auch wachsende Profite. Die internationale Expansion verschärfte allerdings gleichzeitig die Krisen anderer nationaler Filmindustrien und festigte den Argwohn gegenüber einer Filmproduktion, die offenbar aus jeder Krise gestärkt hervorging.

Auch die nüchternen Zahlen können nicht verbergen, dass Hollywood die internationale Filmwirtschaft konkurrenzlos dominiert.

Die Globalisierung der Filmproduktion

Nach der Erneuerung ihrer Produktionsstrukturen haben Hollywoods Studios ihre internationale Vormachtstellung ausbauen können. Wie zu Beginn der Filmproduktion in den USA bis zum Ersten Weltkrieg und während der Studio-Ära bis zum Zweiten Weltkrieg spielen Hollywoods Filme heute auf dem internationalen Markt die größten Gewinne ein. Der internationale Markt ist entscheidend für den Erfolg Hollywoods. Machte Anfang der 1980er Jahre der Filmexport ein Drittel der US-Filmproduktion aus, so stieg dieser Anteil kontinuierlich auf über 50 Prozent. Im Jahr 1998 etwa fiel der Gewinn der Studios außerhalb der USA (6.821 Milliarden Dollar) beinahe ebenso groß aus wie in den USA (6.877 Milliarden Dollar) selbst. Die 39 weltweit populärsten Filme des selben Jahres stammten aus Hollywoods Studios. Im Jahr 2004, so Schätzungen, sollen sich Hollywoods Exporterlöse sogar auf 14 Milliarden Dollar belaufen, erwirtschaftet hauptsächlich in Europa.

Insbesondere der phänomenale Erfolg von »Titanic« (1997), der eine Milliarde Dollar Gewinn außerhalb der

USA einspielte, demonstriert die Übermacht Hollywoods. Und das, obwohl die Story des Films bekannt und
bereits mehrfach verfilmt worden war – eine erste filmische Bearbeitung gab es bereits kurz nach der realen
Schiffskatastrophe im Jahr 1912. Der unter der Regie von
James Cameron entstandene und bis dahin teuerste Film
Hollywoods eroberte aufgrund seiner hybriden Konzep-

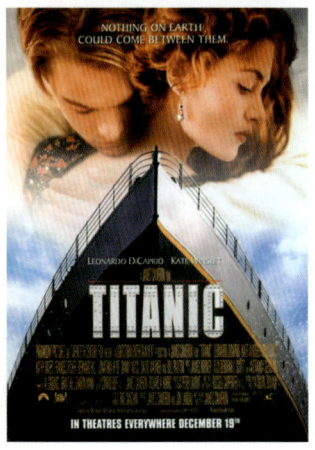

tion, die viele Wünsche erfüllte, unterschied-
lichste Publikumsschichten. »Titanic« ist
aber nur die Spitze des ›Eisbergs Hollywood‹, der drohend auf die tief in der Krise
steckenden, nationalen Filmindustrien zu-
steuert. Wie wichtig der Auslandsmarkt für
Hollywoods Filmproduktion geworden ist,
lässt sich auch an den inzwischen beinahe
zeitgleichen Erstaufführungsterminen in
den USA und Europa ablesen; früher wurden Filme ein knappes halbes Jahr später in
Europa gezeigt. Auch Hollywoods Fernsehproduktionen gewinnen immer größeren
Einfluss im Ausland. Hollywoods globaler
medialer Siegeszug scheint unaufhaltsam,
nicht zuletzt durch die Allianz der Studios mit global
agierenden Medienkonzernen.

Das in der Filmgeschich-
te schon mehrfach er-
probte Erfolgsrezept der
Katastrophengeschichte
um den Untergang des
Luxusdampfers Titanic
zog auch 1997.

Die Übernahme der Studios durch die großen Konzerne führte also nicht zum Niedergang von Hollywoods
Filmindustrie. Im Gegenteil: Die Richtlinien der Filmproduktion, etwa hinsichtlich Inszenierungsstil oder
Themenwahl, werden immer noch von den Entscheidungsträgern der Film- und Fernsehstudios in Kalifornien festgelegt. Die gut ausgebaute globale Infrastruktur
der multinationalen Mutterkonzerne erleichtert es Hollywood, bereits bei der Planung von Filmen regionale
Eigenheiten zu berücksichtigen und so die Produkte
besser an die Interessen des Publikums anzupassen.
Im Ergebnis hat die Nutzung dieser Ressourcen zu einer
weitergehenden Internationalisierung von Hollywoods
Filmen geführt, die seither mehr denn je weltweit auf
große Akzeptanz treffen. Auch aus diesem Grund beteiligen sich inzwischen zunehmend ausländische Investo-

ren an der Finanzierung von Filmen wie etwa »Der mit dem Wolf tanzt« (1990), »Terminator 2 – Tag der Abrechnung« (1991) oder »Basic Instinct« (1992), aber auch von unabhängigen Produktionen wie »Relic« (1997), »Hard Rain« (1998) oder »Der Patriot« (2000).

Seit den 1980er Jahren erwarben Hollywoods Filmstudios Kinokomplexe außerhalb der USA und erneuerten auf diese Weise die bereits in der Studioära praktizierte umfassende Kontrolle über alle Geschäftsbereiche der Produktion. Und mehr noch: Die Einbettung in Medienkonzerne verwandelte Hollywoods Filmproduktion in eine Medienindustrie bislang unbekannten Ausmaßes. Der Expansion ins Fernsehgeschäft seit den 1950er Jahren folgten nach 1980 das Videogeschäft und in jüngster Zeit das Internet. 1999 verteilte sich Hollywoods Mediengeschäft zu 29 Prozent auf die Filmproduktion, zu 25 Prozent auf die Videoproduktion und zu 46 Prozent auf die Fernsehproduktion. Hollywood hat es schon immer verstanden, möglichst große Profite aus aktuellen technischen Entwicklungen zu schlagen – das neue Hollywood vermochte es, diese Strategie erfolgreich fortzusetzen und auszuweiten.

Hollywood zu Hause: Video, Kabelfernsehen und DVD

Mehrere parallele Entwicklungen begünstigten in den 1980er Jahren den Aufstieg Hollywoods zu alter Größe: Zum einen die Verbreitung von Videorecordern und Videobändern, einer kostengünstigen Technik zur Aufzeichnung von Bildmaterial, und zum anderen die Lockerung der Bestimmungen, die zuvor die Trennung von Produktion und Distribution, also von Studio- und Kinobetrieb festgelegt hatten. Während letzteres für die Studios erneut eine Teilhaberschaft an Kinobetrieben und damit eine größere Verbreitung ihrer Produkte möglich machte, sorgte die Video-Revolution für Möglichkeiten der Zweitverwertung von Filmmaterial in privaten Hauhalten. Daneben spielte das zunehmende Interesse an Fernsehfilmen sowie die Einführung von Kabel- und Satellitenfernsehen eine wichtige Rolle bei der Verbreitung der Produkte Hollywoods.

Hollywoods Filme sind nicht nur immer wieder dem Zeitgeist hinterhergelaufen, sondern sie wurden oft auch zu wahren Trendsettern, die einen ungeahnten Boom auslösten. »Flashdance« (1983) war nur einer in einer Reihe von Tanzfilmen, die zu Beginn der 1980er Jahre den Erfolg von »Nur Samstag Nacht« (1977) wiederholen wollten und nebenbei das Geschäft der Tanzschulen belebten.

Video

1975 stellten die japanischen Elektronikfirmen Sony und Matsushita erstmals ihre magnetischen Aufnahmeverfahren Betamax und Video Home System (VHS) vor. Die neue Aufnahmetechnik stieß in der Filmindustrie auf große Skepsis. Für den Vorsitzenden von Hollywoods Filmindustrie-Verband MPAA, Jack Valenti, war Video ein Parasit, der unberechtigterweise an den Erfolgen Hollywoods teilhaben wollte. MCA und Disney prozessierten 1976 sogar gegen die Verbreitung von Videorecordern, weil sie um ihr Geschäft bangten. Doch schon bald stellte sich heraus, dass der befürchtete Besucherrückgang ausblieb und Hollywood im Gegenteil noch mehr Filme verkaufen konnte. Hollywoods Filmindustrie richtete Abteilungen ein, die Videobänder von eigenen Filmen herstellten und vertrieben. Schon bald wurde Videofilmen in der einschlägigen Presse ebenso viel Aufmerksamkeit zuteil wie den Programmen der Fernsehsender. Bereits 1988 verfügte schließlich die Mehrheit der Haushalte in den USA über einen Videorecorder. Der Verkauf von Videos an Videoverleih-Ketten erwies sich für Hollywoods Studios als äußerst lohnenswertes Geschäft. Jetzt wurden Filme nicht mehr wie noch in Hollywoods frühen Jahren nach einiger Zeit wieder aufgeführt, um noch einmal Kasse zu machen, sondern waren jederzeit und beinahe überall verfügbar. Neben dem Verleihgeschäft entwickelte sich auch das Geschäft mit Kaufkassetten glänzend. 1983 unternahm Paramount erfolgreich den Versuch, den Tanzfilm »Flashdance« als Video auf den Mark zu bringen, obwohl er noch in den Kinos lief. 1986 machten der Verleih und Verkauf von Videos etwa die Hälfte der Einnahmen der großen Studios aus. Gegen Ende der 1980er Jahre brachte die Veröffentlichung auf Video pro Film zwischen drei und zehn Millionen Dollar ein. Je erfolgreicher ein Film in den Kinos lief, um so erfolgreicher war später in der Regel auch seine Videovermarktung. Darüber hinaus erlebten einige Filme, die im Kino schlecht liefen, im Videomarkt eine wahre Blüte. Brian De Palmas »Al Pacino – Scarface« (1983) beispielsweise fiel an der Kinokasse durch, wurde im Videogeschäft aber zum Verkaufsschlager. Immer mehr Zuschauer sahen Dank Video immer mehr Hollywood-Filme und die Zahl der Kinozuschauer ging trotz Video nicht zurück. Video minimierte nicht nur das Produktionsrisiko erheblich, sondern wurde zum mächtigsten Absatzmarkt für Hollywoods Filme. Ergänzt wurde das Videogeschäft der Studios durch Computer-Videospiele, die nach Filmen gestaltet wurden (»Mortal Kombat« 1995, »Lara Croft: Tomb Raider« 2001).

Kabelfernsehen

Das US-amerikanische Kabelfernsehen entstand in den 1950er Jahren, um den Empfang kommerzieller Fernsehsender in entfernten und unzugänglichen Gebieten zu ermöglichen. Das System setzte sich in den 1960ern auch in den größeren Metropolen durch und expandierte seit den 1970er Jahren mit speziellen Angeboten wie Bezahlfernsehen (Pay-TV). Ein neues Angebot entstand im Fernsehmarkt: Time Warners Kabelkanal HBO (Home Box Office). Für eine monatliche Gebühr von 10 Dollar konnten Kunden ohne Werbeunterbrechung und ungekürzt aktuelle Hollywood-Filme sehen. HBO war damit der erste Fernsehkanal, der es Hollywood ermöglichte, Zuschauer für sein Programm zur Kasse zu bitten. HBO erwies sich zugleich als ausgezeichnetes

›The Empire Strikes Back‹: Belebte einst »Star Wars« (1977) den Markt für Computerspiele, so dienen in jüngerer Zeit Computerspiele (neben Comics) zunehmend als Vorlagen für Hollywood-Filme.

Forum zur Ausstrahlung älterer Filme, die nicht mehr in den Kinos gezeigt wurden. Fernsehmogul Ted Turner (u. a. Cable News Network/CNN) versuchte, den Erfolg von HBO zu kopieren, indem er in den Programmen seiner Kabelkanäle TNT (Turner Network Television) und Super-Station ältere Filme aus dem von ihm erworbenen MGM-Filmarchiv anbot.

Die digitale Revolution

Zu den ersten Opfern von Einsparungen in der Filmproduktion der 1950er Jahre, ausgelöst durch den rapiden Rückgang der Zuschauerzahlen, gehörten die teuren und Dank technischer Entwicklungen auch zunehmend nutzlosen Abteilungen für Spezialeffekte.

Technische Einrichtungen wurden ausgesondert oder verschrottet. Das Handwerk der Tricktechniker war in Hollywood kaum noch gefragt. Als George Lucas Mitte der 1970er Jahre sein Science-Fiction-Projekt »Star Wars« erdachte, fehlten in Hollywood Knowhow und Technik zur Herstellung aufwändiger Filmtricks. Für die geplanten Spezialeffekte kaufte Lucas bei Händlern von Altgeräten und in alten Studiolagern die nötige Ausrüstung zusammen: Kameras, einen optischen Drucker (Projektor-Kamera-System, das mit Hilfe von Maskentechniken beliebige Bilder miteinander kombinieren und auf ein Bild belichten bzw. »drucken« konnte) und Kopieranlagen mit der ausgemusterten VistaVision-Breitwandtechnik. Lucas' Team modernisierte die Apparate mit Hilfe elektronischer Steuerungen und brachte sie auf den neuesten Stand der Elektrotechnik. Die ersten mit Hilfe von Computern hergestellten Bilder wurden in »Star Wars« (1977) gezeigt. Die Effektaufnahmen wurden von George Lucas' eigens für »Star Wars« gegründeter Firma Industrial Light & Magic (ILM) hergestellt, die auch heute noch führend bei der Herstellung von Spezialeffekten ist.

Pionier in der Entwicklung elektronisch gesteuerter Filmaufnahmen war John Dykstra von ILM. Er gewann einen Oscar für die besten Spezialeffekte in »Star Wars«. Weil Rechner- und Speicherkapazitäten 1977 nicht in ausreichendem Maße vorhanden waren, erfand Dykstra eine elektronische Steuerung zur Koordinierung der Bewegungen von Kamera und Raumschiff-modellen vor einem Bluescreen-Hintergund *(motion control)*.

Was zu Zeiten von »Star Wars« (1977) noch eher traditionell handwerklich mit Hilfe elektronisch gesteuerter Modelle hergestellt werden musste, geschieht heute größtenteils am Computer. Einzig die Schauspieler müssen immer noch vor dem sogenannten *bluescreen* agieren und werden erst später mit den computergenerior ten Bildern auf Film zusammenkopiert. Welche Probleme es für die Darsteller mit sich bringt, vor einer virtuellen Bühne agieren zu müssen, sieht man ihrem Spiel oftmals noch an.

Mit dem nach seinem Erfinder benannten Dykstraflex-System wurden äußerst realistisch wirkende Filmbilder möglich, die dramatische Effekte enorm steigerten. Ein weiterer Vorteil dieses Verfahrens lag in der exakten Wiederholbarkeit ganzer Sequenzen, sodass das aufwändige Zusammenfügen von Modellen, Bildhintergründen und Schauspiel stark vereinfacht werden konnte, was Produktionskosten sparte.

Ein größeres Problem auf dem Weg zum computergenerierten Film bestand in der Abhängigkeit des kreativen Prozesses von den technischen Voraussetzungen, insbesondere der Übersetzung filmischer Ideen in den Programmcode der Computerspezialisten. Erst intuitiv bedienbarer grafische Benutzerführungen für die Programme milderten dieses Dilemma. Zeitgleich kamen schnellere Filmscanner und ganz neue Bildbearbeitungssoftware zum Einsatz, die alle erdenklichen Manipulationen an digitalisierten Bildern vornehmen konnte. Aber erst als Speicherkapazitäten und Rechnerleistungen groß genug wurden, begann man mit der Produktion komplett im Computer errechneter Filmsequenzen. Der erste fast vollständig im Rechner erzeugte Spielfilm war »Tron« (1982), bei dem Körper von Schauspielern in digital erzeugte Bilder montiert wurden. Die Computertechnik war allerdings noch nicht in der Lage, realistisch wirkende Bilder herzustellen.

Zahlreiche weitere Versuche, mit Hilfe digitaler Technik verblüffende Effekte herzustellen, folgten: ein animierter Planet in »Star Trek II – Der Zorn des Khan« (1982), eine Weltraumschlacht in »Starfight« (1984) oder eine komplett im Computer hergestellte

Der heutzutage eigenartig artifiziell wirkende Science-Fiction-Film »Tron« (1982) legt beredtes Zeugnis von der Euphorie ab, die die Versprechungen der seinerzeit noch im Entstehen begriffenen Computertechnik auslösten.

Ritterfigur in »Das Geheimnis des verlorenen Tempels«
(1985). Morphing-Effekte, also die computerberechnete
Formwandlung von Figuren und Gegenständen, wurden zum ersten Mal 1988 in »Willow« gezeigt, wofür
einzelne Filmaufnahmen mit einem eigens dafür geschrieben Computerprogramm fließend ineinander
überblendet wurden, was einen verblüffenden Verwand-
lungseffekt ermöglichte. Filme wie »Abyss« (1989),
in dem es eine computeranimierte Wassergestalt zu
sehen gab, »Der Tod steht ihr gut« (1992), in dem die
Körper der beiden Schauspielerinnen Meryl Streep
und Goldie Hawn mit Computerhilfe aufs Abenteuer-
lichste verformt wurden, oder »Terminator 2 – Tag der
Abrechnung« (1991), in dem ein menschenähnlicher
kybernetischer Organismus mühelos Metallgitter
durchdringen oder mit dem Fußboden verschmelzen
konnte, stellten die Möglichkeiten der digitalen Technik eindrucksvoll unter Beweis. Doch erst 1993 kam
mit den bedrohlich lebensecht wirkenden Dinosaurier-
Animationen in Steven Spielbergs Thriller »Jurassic
Park« der große Durchbruch für die digitale Tricktechnik. Nur ein Jahr später beeindruckte »Forrest Gump«
(1994) mit digital aufbereiteten historischen Bildern,
in die der Hauptdarsteller des Films, Tom Hanks,
mit Hilfe digitaler Technik so einmontiert wurde, als
wäre er bei den historischen Ereignissen selbst dabei
gewesen. Diese Verwendung warf erstmals Fragen
nach den Grenzen der digitalen Technik auf, die es
offenbar ermöglichte, Zeitdokumente beliebig zu
verändern. In den Sequels zu »Jurassic Park« (1993),
»Vergessene Welt – Jurassic Parc« (1997) und »Jurassic
Park III« (2001) wurde die digitale Technik weiter
verbessert. Der Kassenschlager »Men in Black«
(1997) und die bitterböse Zukunfts-Satire »Starship
Troopers« (1997) verwendeten ausgiebig überzeugende
digital animierte Tricksequenzen. »Titanic« brachte
1997 James Camerons Trickeffekt-Firma Digital Domain
für die Wassereffekte und den bombastischen Schiffs-
untergang der Titanic in die Schlagzeilen. Besonders
Katastrophenspektakel nutzten die digitale Technik.

»Deep Impact« und »Armageddon – das jüngste Gericht« oder der Monsterfilm »Godzilla« (alle 1998) brachten zwar keine erzählerischen Höhepunkte, glänzten aber durch eindrucksvolle Bilder. Darin schien zugleich eine vorläufige Bilanz der digitalen Revolution Hollywoods zum Ausdruck zu kommen: Bis zur Jahrtausendwende wurde digitale Technik fast ausschließlich zur Optimierung bekannter Filmtricks und zur Steigerung audiovisueller Sensationen verwendet, hinter denen das Geschichtenerzählen zu verschwinden drohte. Die digitale Technik beförderte ein körperliches Überwältigungskino audiovisueller Attraktionen, das auf die schlichte Unmittelbarkeit seiner Effekte setzte und glaubte, auf glaubwürdige Charaktere und durchdachte Geschichten immer mehr verzichten zu können. Diese Diagnose betraf insbesondere die Pioniere unter den Digitaltrick-Technikern, George Lucas' ILM. Ihr 1999 uraufgeführter »Star Wars – Die dunkle Bedrohung« stellte mit über 2000 Effektaufnahmen zwar einen neuen Rekord auf und verkaufte sich Dank umfangreicher Marketingmaßnahmen weltweit überaus erfolgreich, die Freude wurde allerdings durch das mangelhafte Drehbuch und den allzu simplen Plot stark beeinträchtigt.

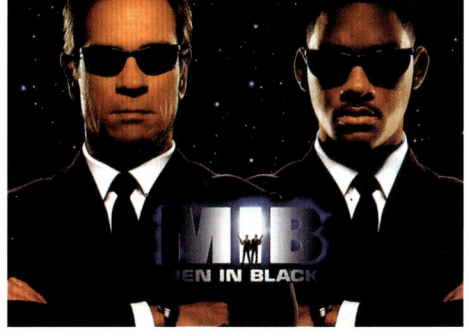

Die schwarzgekleideten Spezialagenten auf der Jagd nach getarnten Außerirdischen boten in dem Genremix »Men in Black« (1997) leichtfüßige Familienunterhaltung.

Erst der comichafte Science-Fiction-Film-noir und *box-office*-Hit »The Matrix« (1999), der nicht nur erstaunliche digitale Effekte enthielt, sondern sich auch thematisch mit der Bedrohung durch die digitale Technik auseinandersetzte und damit eine Reihe filmphilosophischer Diskussionen auslöste, nobilitierte die Verwendung digitaler Tricktechnik in Spielfilmen mit Realhandlung. Kein Wunder also, dass Warner Brothers 2003 gleich zwei Sequels, »The Matrix Reloaded« und »The Matrix Revolutions«, in die Kinos brachte. Mit der »Herr der Ringe«-Trilogie (2001, 2002, 2003), »Minority Report« (2002) oder »Spiderman« (2002) gehört die digitale Tricktechnik endgültig zum Standard der Filmproduktion in Hollywood. Auch in Hollywoods Fernsehproduktion kommt die digitale Tricktechnik erfolgreich zum Einsatz: Science-Fiction-Serien wie »Deep Space 9« (1993–1999), »Raumschiff Enterprise – Das nächste Jahrhundert« (1987–1994), »Babylon 5« (1994–1998) oder »Raumschiff Voyager« (1995–2001) imponierten mit bemerkenswerten Effekten. Der

Versuch, virtuelle Spielfilmwelten ausschließlich im Computer entstehen zu lassen wie in dem nach dem gleichnamigen Computerspiel entworfenen »Final Fantasy – Die Mächte in dir«

Der erste vollständig digital produzierte Film, in dem auch die Darsteller aus dem Computer kamen, war »Final Fantasy: Die Mächte in dir« (2001). Dem Film sieht man seine Herkunft aus dem Computerspiel-Genre allerdings noch deutlich an: zu glatt sind die Oberflächen und zu geschmeidig die Bewegungen – ganz abgesehen von der schwachen Geschichte

(2001), zeitigte keinen besonderen Erfolg. Dennoch gibt der erste Spielfilm, in dem vom Setting über Kamerabewegungen bis zur Schauspielerei alles im Computer errechnet wurde, die Richtung vor für die künftige Verwendung digitaler Technik im realistischen Erzählfilm.

Was im Spielfilm noch aussteht, ist im Bereich des Zeichentrickfilms unterdessen längst Gang und Gäbe. Der erste komplett im Computer animierte Film, der ohne eine einzige Filmaufnahme auskam, war der bereits 1995 entstandene Animationsfilm »Toy Story« – ein Produkt der Spezialeffekte-Firma Pixar, für die Computergrafiker arbeiteten, die George Lucas Mitte der 1980er Jahre entlassen hatte, als ihm mehr an der Digitalisierung von Filmmaterial als an der kompletten Errechnung von Filmen im Computer selbst gelegen war, kurzum: als der Wegbereiter des digitalen Kinos selbst noch nicht an den Erfolg der neuen digitalen Technik glauben mochte. Im Bereich des Animationsfilms feierte die Computertechnologie ihre größten Triumphe und verhalf dem Zeichentrick-Genre mit Filmen wie »Das große Krabbeln« (1998), den Oscar-Gewinnern »Shrek – Der tollkühne Held« (2001) und »Die Monster AG« (2001) oder »Findet Nemo« (2003) zu neuer Blüte.

Doch die digitale Technik hat nicht nur im Film, sondern auch in den eigenen vier Wänden Einzug gehalten. Besonders die DVD (Digital Versatile Disk) und digitale Filmformate schicken sich an, das betagte analoge VHS-Videosystem abzulösen. Gleichzeitig hat Hollywood erste Versuche unternommen, auch die digitale Medientechnik unter Kontrolle zu bringen, etwa durch Regionalcodes, die das Abspielen von DVDs in unterschiedlichen Regionen der Welt unterbinden sollen. Dank digitalisierter Produktions-, Vertriebs- und Aufführungstechnik werden Hollywoods Medienprodukte dennoch künftig mehr denn je überall zugegen sein.

Ästhetische Entwicklungen: Hollywoods neue Bilder

Nach dem Ende des Production Code wurden Bilder und Themen möglich, die zuvor durch geschickte Inszenierung versteckt werden mussten. Manifeste Gewaltdarstellungen und explizite Sexualität in ungekanntem Ausmaß eroberten die Leinwände und schockierten das Publikum. Die Logik des Schockierens in blutigen Spektakeln von »Taxi Driver« (1976) bis »Der Soldat James Ryan« (1998) oder erotisch aufgeladenen Filmen von »9 1/2 Wochen« (1986) bis »Basic Instinct« (1992) förderte immer drastischere Darstellungen zu Tage. Doch auf der anderen Seite wurden Regisseure und Filmleute immer erfinderischer und selbstbewusster in der Erforschung der Grenzen des eigenen Mediums, seinen Genres, Stars und Geschichten. Die wirklichen Neuerungen des Hollywood-Films spielten sich nicht im Bereich der *blockbuster* ab, sondern bei der unabhängigen Produktion. Hollywoods wirtschaftliches Erfolgsmodell beruhte bereits seit den 1950er Jahren zu großen Teilen auf der Zusammenarbeit mit unabhängigen Produktionsfirmen und Produzenten, die für eine flexiblere Filmherstellung

Als Sharon Stone in »Basic Instinct« (1992) während einer Verhörszene die Beine übereinander schlug, gerieten nicht nur die Gemüter der verhörenden Polizisten in Erregung, auch die Kritik weidete sich an dem Tabubruch, der in der sprichwörtlichen Schamlosigkeit dieser Sequenz vermutet wurde.

sorgten. Obwohl abhängig von den großen Gesellschaften, waren sie immer wieder Garant für ungewöhnliche neue Ideen und mutige Vorstöße, die später für Mainstream-Filme und *blockbuster* ausgebeutet wurden.

Die Bedeutung exzentrischer Studiobosse und eigenwilliger Produzenten wie noch in der Zeit der Studioära hat allerdings stark abgenommen. Die Integration der Studios in multinationale Konzerne und die Modernisierung des Studiomanagements hat ihre Stellung geschwächt, wenngleich immer wieder einflussreiche Persönlichkeiten wie die Gründer der Produktionsfirma Miramax (»Good Will Hunting« 1997, »The Others« 2001), die Brüder Harvey und Bob Weinstein, oder der für aufwändige Actionspektakel bekannt gewordene Produzent Jerry Bruckheimer (»Top Gun« 1986, »Black Hawk Down« 2001) erheblichen Einfluss auf Hollywoods Filmlandschaft haben. Seit den Erfolgen von Spielberg und Lucas sind Regisseure zu den heimlichen Stars Hollywoods aufgestiegen. Sie haben in dieser Rolle die Studiobosse und Produzenten der goldenen Jahre Hollywoods beerbt. Hollywoods Erfolg basiert zu einem Großteil auf ihrem kreativen Potenzial. Nach Martin Scorsese, Francis Ford Coppola oder Robert Altman, die immer noch Filme produzieren, sind es Regisseure wie Oliver Stone, James Cameron und die Brüder Joel und Ethan Coen, Quentin Tarantino, David Fincher oder Steven Soderbergh, die den Glauben an ein kreatives Filmemachen in Hollywood bewahrt haben, auch wenn sie auf den ersten Blick nur wenig mit dem Kunstkino der ersten New-Hollywood-Generation gemein haben. Diese Regisseure zeichnen für eine Reihe eindrucksvoller und auch erfolgreicher Filme verantwortlich.

Regisseure des Übergangs

Oliver Stone

Der 1946 geborene Oliver Stone gehört zu denjenigen Regisseuren Hollywoods, deren Filme immer wieder Anstoß erregten. Stone erlebte die Gräuel des Vietnamkriegs als Soldat am eigenen Leib, bevor er, hochdekoriert aber desillusioniert, die Armee verließ und sich vom antikommunistisch gesinnten Patrioten zum empörten Anarchisten wandelte. Nach seinem Filmstudium an der New York University Film School entwickelte Stone unter Anleitung seines Lehrers Martin Scorsese einen sehr persönlichen und bildgewaltigen Stil. Thematisch kreisen Stones Filme immer wieder um einen durch äußere Umstände erzwungenen Kontrollverlust, um physische und psychische Gewalt. Im Zentrum sind isolierte Einzelgänger, die an korrupten und verlogenen sozialen, politischen und wirtschaftlichen Lebensbedingungen scheitern. Daneben betätigte sich Stone als Drehbuchautor, etwa für Brian De Palma (»Al Pacino – Scarface« 1983), Michael Cimino (»Im Jahr des Drachen« 1985) und Hal Ashby (»Acht Millionen Wege zu sterben« 1985).

Nach anfänglichen Schwierigkeiten, für seine kritischen und mit Gewaltinszenierungen nicht eben sparsamen Filmprojekte Geld zu bekommen, gelang ihm 1986 mit »Salvador« ein erster Erfolg. Der in großen Teilen mit dokumentarisch wirkender Handkamera gedrehte, polemische Film über den Kriegsberichterstatter Richard Boyle und die US-amerikanische Interventionspolitik in Mittelamerika löste heftige Kontroversen aus. Die Auseinandersetzung mit der US-amerikanischen Politik prägt beinahe alle Filme Stones. Ausgehend von seiner Vietnam-Trilogie »Platoon« (1986), »Geboren am 4. Juli« (1989) und »Zwischen Himmel und Hölle« (1993) widmete sich Stone immer wieder den Skandalen der US-amerikanischen Gegenwart: vom spekulativen Polit-Thriller über die Ermordung John F. Kennedys (»John F. Kennedy – Tatort Dallas« 1991) bis zu einem Film über Richard Nixons Verwicklung in politische Korruption (»Nixon« 1995) und vom

Abgesang auf New Yorks Börsenkultur in »Wall Street«
(1987) bis zur medienkritischen Gewalt-Operette
»Natural Born Killers« (1994).

»Platoon« stellte einen ersten Versuch Stones dar,
das Vietnam-Desaster aus einer persönlichen Perspektive heraus zugänglich zu machen. Im Gegensatz zu
Francis Ford Coppolas beklemmendem Vietnamkriegs-
film »Apocalypse Now« (1979), geriet Stones Film zu
einem mit christlicher Symbolik überladenen Anti-
Kriegsspektakel, das nur eine oberflächliche Abrechnung mit den Geschehnissen in Vietnam und den
historischen Hintergründen der Militäraktion der US-
Armee lieferte. Dennoch gewann der Film vier Oscars
(bester Film, beste Regie, bester Schnitt und Ton) und
wurde zum Ausgangspunkt für Stones aufklärerische
Enthüllungsfilme.

Propagierte genau das,
was er zu kritisieren
vorgab: »Natural Born
Killers« (1984) lieferte
ein audiovisuelles Feuer-
werk exzessiver Gewalt-
darstellung.

Mit »Natural Born Killers« setzte Stone 1994 ein
filmisches Fanal gegen die eigene Profession. Der auf
einer Drehbuchvorlage von Quentin Tarantino basie-
rende Film entwarf eine Kritik an der Sensationsgier
der Medien, die als Auslöser für die Gewaltexzesse
des Serienkillerpärchens Mickey und Mallory Knox
verantwortlich gemacht wurden. Obwohl Stones Film
vorgeblich an der Aufklärung der Wirkungszusammen-
hänge von Medien und Gewalt interessiert zu sein
schien, bediente er sich selbst in einer nicht enden
wollenden Bilderflut aus rasant montiertem Video-
sowie 16- und 35-Millimeter-Filmmaterial das mit einer
dröhnenden Musikcollage unterlegt war, derselben

Bildstrategie, die er zu kritisieren vorgab. Der in »Natural Born Killers« praktizierte *sampling*-Stil prägte schließlich in weitaus entspannterer und unterhaltsamer Weise Stones Roadmovie-Thriller »U-Turn – kein Weg zurück« (1997) und das Sport-Drama »An jedem verdammten Sonntag« (1999).

James Cameron

Einen anderen Verlauf nahm die Karriere des 1954 geborenen James Cameron, einem weiteren bedeutenden Regisseur des neueren Hollywood-Kinos, der 1997 die Regie bei einem der größten Kassenerfolge in der Geschichte Hollywoods führte: »Titanic«. Cameron begann als künstlerischer Leiter des Low-budget Science-Fiction-Films »Sador – Herrscher im Weltraum« (1980, Regie: Jimmy T. Murakami) in Roger Cormans Produktionsfirma New World Pictures. Nach der Mitarbeit an John Carpenters Kultfilm »Die Klapperschlange« (1981) legte Cameron sein Regiedebüt mit dem Horrorfilm »Fliegende Killer – Piranha II« (1981) vor, der weder beim Publikum noch bei den Kritikern ankam. Doch schon sein nächster Film, »Terminator« (1984), wurde ein großer Erfolg und zu einem modernen Klassiker

des Science-Fiction-Genres. Darin rettet eine Menschmaschine, gespielt von Arnold Schwarzenegger, einen Jungen und seine Mutter vor der Bedrohung durch einen todbringenden Cyborg (ein kybernetischer Organismus). Der überaus spannend und effektvoll inszenierte Film animierte Cameron zur Fortsetzung »Terminator 2 – Tag der Abrechnung« im Jahr 1991, der die Geschichte des ersten Teils umkehrte und aus dem ›bösen‹ Cyborg-Killer einen ›guten‹ machte. Die von George Lucas' ILM hergestellten, computerberechneten Spezialeffekte des zweiten Teils galten als Prototyp für die gelungene Anwendung neuer digitaler Filmtechniken im Mainstreamkino Hollywoods. Aber auch

John Carpenter drehte zahlreiche kostengünstige Filme, die oftmals Kultstatus erwarben. »Die Klapperschlange« (1981) machte den Schauspieler Kurt Russell in der Rolle des Veteranen Snake Plissken in den 1980er Jahren zur Kultfigur.

Arnold Schwarzeneggers Muskelmann-Image nahm auch in dem düsteren Science-Fiction-Film »Terminator« (1984) keinen Schaden, in dem sein Körper im Verlauf der Geschichte nach und nach zerstört und sein Metallskelett schließlich in einer Presse zerquetscht wurde.

das aufregende Spiel der Erzählung mit Zeitreise und Zeitparadox, künstlichen menschenähnlichen Wesen, Körper und Wahrnehmung, verbunden mit einer düsteren Zukunftsvision, war neu.

Immer wieder hat sich Cameron mit phantastischen Stoffen befasst, dabei aber vorhandenes philosophisches Potenzial in atemberaubender Action und oberflächlichem Pathos verschwinden lassen. In »Alien – Die Rückkehr« (1986), Camerons Fortsetzung des Horror-Science-Fiction-Films »Alien« von 1979, setzte er im Unterschied zu Ridely Scotts erstem Teil weniger auf geschickten und wohldosierten Horror als auf rasante Action im Militär-Look. Auch der mit einem Oscar für Spezialeffekte ausgezeichnete Unterwasser-Science-Fiction-Film »Abyss« (1989) setzte auf perfekte Spannungsdramaturgie und visuelle Tricks, hinter denen der Inhalt deutlich zurücktrat.

Camerons Stil ist geprägt von dynamischer Kameraarbeit, schnellen Schnitten, dunklen Settings und klaustrophisch wirkender Enge sowie dem Spiel mit menschlichen Urängsten. Nicht zuletzt waren es seine Filme, die den österreichischen Schauspieler Arnold Schwarzenegger zu einer Kultfigur des Gegenwartskinos machten. Und so liest sich Camerons »True Lies« (1994) geradezu als Hommage an Schwarzenegger, der sein mit »Conan der Barbar« (1982) erworbenes Muskelmann-Image revidieren konnte.

Der größte Erfolg in Camerons Biographie als Regisseur ist bis dato »Titanic« (1997). Der Film setzte neue Maßstäbe bei der Tricktechnik und der Spielfilmver-

Der aufsehenerregende Morphing-Effekt in »Terminator 2 – Tag der Abrechnung« (1991) gehört inzwischen zum Alltag des Filmemachens. Er belebte andererseits eine Debatte um Formen der Darstellung menschlicher Körper im Film.

marktung. Doch die großangelegte Marketingoffensive war nicht allein das Ergebnis wohlkalkulierter Planung, sondern notwenige Maßnahme, um die während der Produktion entstandenen immensen Kosten aufzufangen. Cameron hatte in der mexikanischen Wüste ein riesiges Wasserbecken bauen sowie ein aufwändig konstruiertes Modell des Luxusdampfers annähernd in Original- größe herstellen lassen. Die Rechnung ging auf: »Titanic« wurde zum zwar teuersten, aber auch finanziell erfolgreichsten Hollywoodfilm und erhielt elf Oscars. Die melodramatische Verbindung aus märchenhaftem Liebesdrama und sensationellem Katastrophenepos, tragikomischem Kostümfilm, Sozialdrama zwischen Ober- und Unterschicht, atemberaubenden Spezialeffekten, einem zeitgemäßen Soundtrack sowie den populären jungen Stars Leonardo Di Caprio und Kate Winslet zielte auf breite Publikumsschichten und hatte mit dieser Strategie Erfolg.

Cameron arbeitete nebenher auch als Drehbuchautor und Produzent, vor allem für seine damalige Ehefrau Kathryn Bigelow (»Gefährliche Brandung« 1991, »Strange Days« 1995), und gründete 1990 seine Produktionsfirma Lightstorm Entertainment.

Joel und Ethan Coen

In vielerlei Hinsicht eine Ausnahme sind die beiden Brüder Joel und Ethan Coen. Bevor sie sich im Filmgeschäft selbständig machten, arbeiteten sie für einige Low-budget-Produktionen wie z. B. Sam Raimis berühmten Horrorschocker »Tanz der Teufel« (1982). Obwohl in ihren Filmen Joel Coen als Regisseur und Ethan Coen als Produzent genannt werden, arbeiten beide zumeist in allen Bereichen ihrer Filmproduktion zusammen. Doch nicht nur Drehbuch, Produktion und Regie liegen in ihren Händen, seit ihrem Filmdebüt, dem Noir-Thriller »Blood Simple – Eine mörderische Nacht« (1984), verfügen die Coen-Brüder auch über das Recht zum *final cut,* die Kontrolle über die endgültige Schnittfassung ihrer Filme. Seither gelten sie als ebenso innovative wie handwerklich perfekte Regisseure mit einem für Hollywoods Verhältnisse vergleichsweise unabhängigen

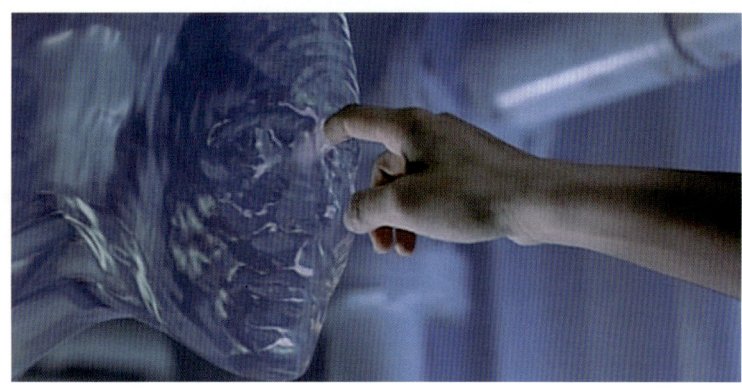

Das Unsichtbarmachen der Tricktechnik in Verbindung mit der Faszination für die Darstellung physikalischer Unmöglichkeiten gehört seit George Méliès' Filmexperimenten zu den größten Herausforderungen des Filmemachens. Insofern löst die digitale Bildtechnik ein uraltes Versprechen des Mediums Film ein.

Status. In ihren Filmen kommt ein ums andere Mal das umfangreiche filmgeschichtliche Wissen ihrer Macher zum Ausdruck. Immer wieder spielen sie mit Elementen klassischer Hollywood-Genres, wie in den im Stil von Screwball Comedies inszenierten »Arizona Junior« (1987) und »Hudsucker – Der große Sprung« (1994) oder dem Gangsterfilm »Miller's Crossing« (1990). Dabei brechen sie ironisch mit liebgewonnenen Klischees, wie z. B. in dem in der Provinz spielenden Auftragsmörder-Thriller »Fargo« (1996). Dessen abgründige Noir-Geschichte verlegten sie kurzerhand in die endlosen, weißen Weiten des eingeschneiten North Dakota, in denen eine tugendhafte Polizistin – gespielt von der hervorragenden Frances McDormand, Ehefrau von Joel Coen – dem verbrecherischen Treiben tapfer ein Ende bereitet. Aber auch die eigene Profession und natürlich Hollywood werden mit satirischen Seitenhieben bedacht. Der auf den Filmfestspielen in Cannes mehrfach ausgezeichnete »Barton Fink« (1991) etwa erzählte mit schwarzem Humor die Geschichte eines scheiternden Drehbuchautors im Hollywood der 1940er Jahre voller surrealistischer Bilder und mit dem glänzenden Schauspielerensemble John Turturro und John Goodman. Zusammen mit Jeff Bridges und Steve Buscemi spielten beide erneut in der Anarchokomödie »The Big Lebowski« (1997), in dessen Geschichte es neben einem mysteriösen Entführungsfall auch immer wieder um Hollywood ging, mal in der Luxusvilla eines zynischen Produzenten, mal in Traumsequenzen, die wie Busby Berkeleys Musicals choreographiert waren. In »O Brother Where Art Thou?« (2000), der seinen Titel einem Zitat aus Preston Sturges' Komödie »Sullivans Reisen« (1941) verdankt, vermischen die Coens auf satirische Weise die griechische Sage der Odyssee mit filmischen Klischees und Mythen der Popkultur der 1930er Jahre. In dem an die US-amerikanischen *Film noirs* der 1940er und 1950er Jahre erinnernden komischen Thriller »The Man Who Wasn't There« (2001), mit Billy Bob Thornton in der Hauptrolle eines typischen Verlierers, findet die künstlerische Strategie der Coen-Brüder erneut einen unverwechselbaren Ausdruck: nicht mehr und nicht weniger als das vergnügliche Ausweiden bekannter Stereotypen aus Filmgeschichte und Populärkultur in Form von Hommagen und Zitaten, bei dem die in visuell betörende Bildkompositionen verpackten Geschichten voller absurdem Witz stets aus einer leicht verschobenen Perspektive erzählt werden.

Das alte Spiel neu aufgelegt: Selbst technisch hochgerüstete Filme kommen ohne Genre-Standards offenbar nicht aus. Kate Winslet und Leonardo Di Caprio verkörperten in »Titanic« (1997) auf recht traditionelle Weise das klassische Romeo-und-Julia-Motiv.

Talentsuche in Hollywood: Zahme, junge Wilde

Musiksender wie MTV veränderten Anfang der 1990er Jahre die moderne Bildästhetik und sorgten für einen nachhaltigen Wandel der Fernsehgewohnheiten des jugendlichen Publikums, zugleich Hauptzielgruppe Hollywoods. Hier herrschte großer Nachholbedarf, zumal viele ältere Regisseure mit den extrem schnell geschnittenen und avantgardistisch anmutenden Bilderfluten der Musikvideos nicht Schritt halten konnten. Bereits in den 1980er Jahren hatte Hollywood immer wieder Regisseure, Kameraleute und Cutter aus der Werbefilmbranche beschäftigt, darunter Ridley Scott (»Der Blade Runner« 1982) und sein Bruder Tony Scott (»Top Gun – Sie fürchten weder Tod noch Teufel« 1986), Adrian Lyne (»Jacob's Ladder – In der Gewalt des Jenseits« 1990) oder Alan Parker (»Angel Heart« 1987). Seit den 1990er Jahren zählte die auf Video- und Werbeclips spezialisierte Produktionsfirma Propaganda Films mit Künstlern wie David Fincher zu den wichtigsten Talentschmieden Hollywoods.

Eine andere Talentschmiede ist das 1978 aus der Taufe gehobene und seit 1984 von Robert Redford geleitete Sundance Film Festival, auf dem regelmäßig Nachwuchsfilmer wie Quentin Tarantino und Steven Soderbergh mit Low-budget-Produktionen auf sich aufmerksam gemacht haben. Redfords Veranstaltung förderte immer wieder kreativen Nachwuchs für Hollywood zu Tage, der sich im rauen Alltag des Filmgeschäfts allerdings oft verschliss. Im Unterschied dazu waren Regisseure von Propaganda Films an Wettbewerb und Konkurrenzdruck gewöhnt und fanden sich in Hollywoods Studiokoproduktion besser zurecht, auch weil ihnen inhaltliche Präzision und thematische Zuspitzungen weit ferner lagen als den unabhängigen Regisseuren. Wie dem auch sei: Beide Institutionen sind prototypisch für Hollywoods ›Zulieferindustrie‹ für künstlerischen und technischen Nachwuchs und sorgen für die Anpassung der Filmproduktion an veränderte Zuschauerbedürfnisse.

Quentin Tarantino

Der 1963 geborene Tarantino, der bislang erst in vier
Spielfilmen Regie führte, gilt als Hoffnungsträger Hollywoods. Tarantino ist einer der ersten Regisseure, der
seine Filmerfahrung größtenteils dem Medium Video
verdankt. Nachdem er die Highschool ohne Abschluss
verlassen hatte, nahm Tarantino Schauspielunterricht,
den er durch seine Tätigkeit als Platzanweiser in einem
Pornokino finanzierte. Danach jobbte er in
einer Videothek in Los Angeles und sichtete in
dieser Zeit den auf Video verfügbaren Bestand
der Filmgeschichte. Gleich sein erster Film,
»Reservoir Dogs – Wilde Hunde« (1992),
spielte virtuos mit den Genreregeln des Gangsterfilms und verstörte zugleich mit einer

außergewöhnlichen Kombination aus sarkastischem
Humor und drastischer Gewaltdarstellung. Seine Dialoge
erinnerten an die Rededuelle aus Howard Hawks' Filmen
und seine Geschichte an Stanley Kubricks »Die Rechnung ging nicht auf« (1956). Im Zentrum steht das Treffen einiger Gangster nach einem misslungenen Überfall.
Aber es geht in dem kammerspielartigen Film nicht um
den Überfall selbst, sondern um Fragen nach Loyalität
und Verrat – und letztlich um die Dekonstruktion der
Filmgeschichte, um das Spiel mit Genreformeln und
Ikonografien des Gangsterfilms, um filmgeschichtliche
Mythen. Der Film wurde unabhängig produziert und
kam nur Dank der Unterstützung des Schauspielers
Harvey Keitel zustande. Dass Tarantino selbst wie in
seinen späteren Filmen auch als Drehbuchautor, Schauspieler und Regisseur an dem Film beteiligt war, brachte
ihm Vergleiche mit Orson Welles, dem einstigen
›Wunderkind‹ Hollywoods ein, dessen »Citizen Kane«
(1941) Filmgeschichte geschrieben hat. Der unerwartete
Erfolg von Tarantinos Low-budget-Produktion machte
das unabhängige Filmemachen erneut salonfähig.

Die anfangs unabhängige und später vom Disney-
Konzern übernommene Filmproduktionsfirma Miramax, die »Reservoir Dogs – Wilde Hunde« in den USA
vertrieb, zeigte Interesse an einer weiteren Produktion

»Pulp Fiction« (1994)
bezog sich direkt auf
die billig produzierte
Massenliteratur (pulp
fiction) der 1930er
Jahre, die mit Autoren
wie Dashiell Hammett
oder Raymond Chandler
und schonungslosen
hard-boiled-Geschichten
das Genre des Kriminal-
romans revolutionierte.

mit Quentin Tarantino. 1994 entstand mit »Pulp Fiction«
ein Klassiker des neuen Hollywood, der auf dem Filmfestival in Cannes 1994 die Goldene Palme und 1995 für das
beste Drehbuch einen Oscar gewann (neben Nominierungen für den besten Film und die beste Regie). In drei
lose miteinander verbundenen Episoden und einer Rahmenhandlung erzählt der Film drei Ganovengeschichten, gespielt von einem wahren Staraufgebot (Samuel L.
Jackson, Harvey Keitel, Tim Roth, Uma Thurman, John
Travolta und Bruce Willis). Das Erstaunliche an »Pulp
Fiction« war nicht nur die schon aus »Reservoir Dogs«

bekannte Verbindung aus Ironie und Gewaltdarstellung, sondern das Experiment mit der
Zeitlinie des Films. Tarantino nutzte die episodische Struktur, um die drei Geschichten in
nicht-chronologischer Reihenfolge anzuordnen, so dass etwa ein zuvor bereits erschossener Ganove in einer späteren Szene wieder
lebendig auf der Leinwand auftauchte. Neben
solch überraschenden Effekten wurde »Pulp
Fiction« besonders für sein ausgiebiges Spiel
mit Zitaten aus der Filmgeschichte gerühmt.
In der Tat lässt sich der Film mindestens
auf zwei Arten lesen: Als cool-ironisierender
Episodenfilm mit der Neigung zur Verharmlosung von Gewalt und als kunstvolles
Zitate-Kino mit Referenzen an die Filme Jean-

Der Tanzfilm »Nur Samstag Nacht« (1977) begründete John Travoltas
Ruhm. Danach wurde
es trotz ansprechender
schauspielerischer Leistungen bedenklich still
um ihn. Erst Quentin
Tarantino ›entdeckte‹
Travoltas Qualitäten
wieder und machte
ihn zu einem der bestverdienenden Schauspieler Hollywoods.

Luc Godards und Hollywoods klassische Gangsterfilme.
Dabei wurden en passant unzählige Mythen der US-
amerikanischen Popkultur seziert, von zeitgenössischer
Rock- und Schlagermusik über Fernsehserien, Comics
und Fast-Food bis zu Drogenkonsum, Trivialliteratur und
modischer *political correctness.*

»Pulp Fiction« half einem bereits ausgemusterten
Star zu neuem Ruhm: John Travolta brillierte als tanzender Gangster und persiflierte damit seine Rolle als Tony
Manero in »Nur Samstag Nacht« (1977). Die seit den
blockbuster-Erfolgen zusehends vernachlässigte Erzählkunst Hollywoods feierte mit »Pulp Fiction« eine triumphale Wiederkehr.

In »Jackie Brown« (1997) verwob Tarantino leichtfüßig Hollywoods Erzähltraditionen mit Elementen des *blaxploitation*-Films. Mit einer der Ikonen dieses Genres in der Hauptrolle, Pam Grier, zitierte Tarantino erneut Hollywoods jüngere Filmgeschichte. Nach der literarischen Vorlage »Rum Punch« von Elmore Leonard entwickelte der Film seine Charaktere differenzierter als zuvor, blieb bei der Erzählstruktur aber konventionell. In dem von verschiedenen Regisseuren erstellten vierteiligen Episodenfilm »Four Rooms« (1995) schlüpfte Tarantino in der Episode »The Man From Hollywood« als Darsteller in die Rolle eines Star-Regisseurs aus Hollywood – ein augenzwinkerndes Spiel mit dem Image des Machers im realen Hollywood. Auch die grelle Splatter-Thriller-Farce »From Dusk Till Dawn« (1996), die Tarantino zusammen mit Robert Rodriguez inszenierte, legte beredtes Zeugnis ab von dem für Tarantino typischen Verfahren: Die Demontage filmischer und popkultureller Stereotypen und Mythen durch absurdgroteske Überzeichnungen und eine beinahe übermütige Freude beim Erfinden skurriler Geschichten.

An diese Tradition schließt »Kill Bill« (2003) mit Uma Thurman und David Carradine an. Tarantino zeichnete wieder einmal für Regie und Drehbuch verantwortlich. In dem erneut von Miramax produzierten Genremix spielt Tarantino kompromisslos mit Genrezitaten und stilisierter Gewaltdarstellung. Dabei gerät der Rachefeldzug einer während ihrer Hochzeit beinahe tödlich verletzten Braut und Profikillerin zu einer ebenso mörderischen wie grotesken *one-woman-show,* deren Choreographie vor allem eine Reminiszenz an die filmische Tradition asiatischer Martial-Arts-Filme ist.

Nebenher erwarb sich Tarantino auch Meriten als Drehbuchautor, etwa für Tony Scotts Actionfilm »True

Pam Grier ist seit den 1970er Jahren eine der bedeutendsten afroamerikanischen Schauspielerinnen Hollywoods.

Romance« (1993) und seinen U-Boot-Film »Crimson Tide – In tiefster Gefahr« (1995) oder für Oliver Stones Serienkiller-Mediensatire »Natural Born Killers« (1994).

Obwohl Tarantinos Filme und diejenigen anderer aufstrebender Nachwuchsregisseure wie Roger Avary (»Killing Zoe« 1994), Peter Medak (»Romeo is Bleeding« 1993), Bryan Singer (»Die üblichen Verdächtigen« 1995) oder Robert Rodriguez (»El Mariachi« 1992) im Umfeld von Robert Redfords unabhängigem Sundance Film Festival entstanden, ist ihr Erfolg auf das Konto von Harvey Weinstein von Miramax zurückzuführen.

David Fincher

Ganz anders liest sich der Werdegang eines weiteren hoffnungsvollen, jungen Regisseurs: David Fincher. Der 1962 geborene Fincher sammelte erste Erfahrungen im Filmgeschäft als Assistent bei der unabhängigen Produktionsfirma Korty Films, bevor er von 1981–1983 bei George Lucas' ILM arbeitete, wo er an dem Projekt »Indiana Jones und der Tempel des Todes« (1984) beteiligt war. Anschließend drehte Fincher zahlreiche Musikvideos (u. a. für Madonna, Sting, The Rolling Stones, Michael Jackson, Aerosmith, George Michael, Iggy Pop) und Werbespots für das Fernsehen (u. a. für Nike, Coca-Cola, Budweiser, Heineken, Pepsi, Levi's, Converse, AT&T, Chanel). 1987 war er Mitbegründer von Propaganda Films, eigentlich eine Produktionsfirma für Videoclips und Werbespots, die aber auch Spielfilme produzierte. Erfolgsregisseure wie Michael Bay (»Armageddon – das jüngste Gericht« 1998, »Pearl Harbor« 2001), Alexis Proyas (»The Crow – Die Krähe« 1994, »Dark City« 1998) oder Spike Jonze (»Being John Malkovich« 1999, »Adaption« 2002) starteten ihre Karrieren bei Propaganda Films. David Fincher wurde zum Aushängeschild von Propaganda Films, obwohl nur der doppelbödige Thriller »The Game« (1997) mit Michael Douglas in der Hauptrolle dort entstand.

1992 versuchte sich Fincher mit »Alien 3« glücklos an der dritten Folge der Horror-Science-Fiction-Reihe. Seine stilistische Brillanz musste sich den strengen Vorgaben der Produktionsfirma Twentieth Century-Fox beugen. Fast eine Stunde des von Fincher gedrehten Materials fehlte in der Schlussfassung, so dass er erwog, seinen Namen aus den Credits streichen zu lassen. Finchers erste Begegnung mit Hollywood endete also im künstlerischen Fiasko. Erst der von New Line Cinema (AOL Time Warner) produzierte, psychologisch dichte Horror-Thriller »Sieben« (1995) brachte Fincher den internationalen Durchbruch. Die Geschichte um den jungen, ungestümen Polizisten David Mills und seinen älteren Kollegen William Somerset, die dem grausamen Treiben eines psychopathischen Serienmörders hilflos gegenüberstehen, spielte geschickt mit Versatzstücken des *Film noir*

und des Horrorfilms und verhalf dem Serienmörder-Motiv im Film zu neuen Höhenflügen. Mit großer Präzision setzten Finchers rasante Montage und eindrucksvolle Bilder die abgründige Geschichte in ein zeitgemäßes Kino des audiovisuellen Schocks, was insbesondere auf seiner Erfahrung als Video- und Werbefilmer beruht. Auch »Fight Club« (1999) profitierte von Finchers visuellem Genie, setzte bei der Erzählstruktur aber neue Akzente. Ähnlich wie in David Lynchs »Lost Highway« (1997) erzählte »Fight Club« von der Persönlichkeitsspaltung seiner Hauptfigur, die von zwei Darstellern (Edward Norton und Brad Pitt) gespielt wurde. Das Erstaunliche an »Fight Club« war nicht nur die Verdoppelung eines Hauptcharakters, sondern der gelungene Versuch, durchaus selbstkritisch das Scheitern seines Helden an einer

In »Seven« (1994) schickte David Fincher seine Hauptfigur (Brad Pitt) an den Abgrund der eigenen Existenz. Die vortreffliche Verbindung aus perfekter Bild- und Tonästhetik mit einer zutiefst verstörender Geschichte zeigte, dass Hollywood keineswegs nur salonfähige Stoffe brillant zu verpacken weiß.

von materiellen Dingen und Werbung übersättigten Lebenswelt zu schildern. Die Zusammenführung klassischer Erzähltechniken mit visuellen Strategien der Werbung sorgte ebenso für beklemmende Momente wie für absurden Humor. Finchers jüngster Film »Panic Room« (2002) fiel trotz eines ungewöhnlich hohen Eröffnungsergebnisses hinter seinen anderen Filmen zurück, obwohl er hier einmal mehr seine Meisterschaft im Erfinden visueller Kabinettstückchen unter Beweis stellte.

Steven Soderbergh

Der dritte im Bunde einer jüngeren Generation von Hollywood-Regisseuren ist der 1963 geborene Steven Soderbergh. Auch er feierte erste Erfolge auf dem Sundance Film Festival. Sein Debütfilm um moderne Beziehungen, Sexualität und Voyeurismus »Sex, Lügen und Video« (1989), das auf den Filmfestspielen in Cannes großen Erfolg hatte, führte zu einem Aufschwung des unabhängigen Films. Der umjubelte neue Star des unabhängigen Filmemachens geriet unmittelbar nach diesem Erfolg allerdings in eine Krise. Der von Miramax vertriebene düster-surreale »Kafka« (1991) mit Jeremy Irons in der Hauptrolle fiel bei Kritik und Publikum gleichermaßen durch. Auch die folgenden Filme »König der Murmelspieler« (1993), »Die Kehrseite der Medaille« (1995, ein Remake des *Film noir* »Gewagtes Alibi« von 1949), »Gray's Anatomy« (1996) und »Schizopolis« (1996) blieben weitgehend unbeachtet.

Erst mit kommerzielleren Projekten wie der Ausbrecherkomödie »Out of Sight« (1998) mit George Clooney und Jennifer Lopez in den Hauptrollen sowie dem kunstvoll arrangierten, aber inhaltlich konventionelleren Gangsterfilm »The Limey« (1999) mit Terrence Stamp und Peter Fonda kam der Erfolg zurück. Für das von Columbia vertriebene biographische Drama über die Umweltaktivistin »Erin Brockovich« (2000) wurde Julia Roberts als beste Hauptdarstellerin mit einem Oscar belohnt. Der Film zeigte nicht nur, dass Julia Roberts – die ihr Image als naive attraktive Geliebte vor allem mit »Pretty Woman« (1990) erworben hatte – auch in ernst-

hafteren Rollen brillieren konnte. »Erin Brockovich«
bewies zugleich, dass Soderbergh in der Lage war, ernste
Themen in stilistisch anspruchsvoller Form einem brei-
ten Publikum zugänglich zu machen. Sein Talent für
komplexe Erzählungen und bildgewaltige Ästhetik stellte
Soderbergh endgültig in dem von USA Films (Universal
Pictures) produzierten Drogendrama »Traffic – Die
Macht des Kartells« (2000) unter Beweis. Der Film kom-
binierte geschickt drei Handlungsstränge um den mexikanischen Drogenpolizisten Javier Rodriguez Rodriguez
(Benicio del Toro), den Richter und Drogenbeauftragten
Robert Hudson Wakefield (Michael Douglas) sowie die
Frau eines Drogenschmugglers, Helena (Catherine Zeta-
Jones). Steven Soderbergh, der selbst unter Pseudonym
die Kamera führte, inszenierte mit »Traffic« einen sub-
tilen und dichten Film, dessen Erzählung durch eine Art
sampling-Technik vielfach gebrochen wurde und dessen
Bilder stets durch Farbfilter, übersteigerte Lichtwerte,
körniges Filmmaterial und Handkameraaufnahmen
überzeichnet waren. »Traffic«

zeigte, wie viel inhaltliche
Freiheit und künstlerischer
Spielraum beim modernen
Filmemachen in Hollywood
trotz *blockbuster*- und Marke-
ting-Politik möglich war. Ein
Beweis, dass neben massen-
tauglicher Einheitskost immer
wieder auch unabhängige Kassenerfolge entstehen können.

Mit dem Remake des gleichnamigen Gangsterfilms aus
dem Jahr 1960 »Ocean's Eleven« (2001) bewies Soderbergh jene gelassene Souveränität, die seinen frühen
Filmen fehlte, und die er sich in einem langen Selbstbe-
hauptungsprozess erarbeitet hatte. Soderbergh betätigte
sich auch als Produzent und Drehbuchautor bei Filmen
wie »The Daytrippers« (Greg Mottola, 1996), »Pleasant-
ville – Zu schön um wahr zu sein« (Gary Ross, 1998),
»Suture« (Scott McGehee und David Siegel, 1994) und
»Freeze – Alptraum Nachtwache« (Ore Bornedal, 1998),

Der ebenso sperrige wie
charismatische Benicio
del Toro ist spätestens
seit »Traffic« (2000) kein
Schauspieler-Geheimtipp
mehr. Das Spiel des
zurückhaltenden Stars
erinnerte viele Kritiker
an Filmgrößen wie
James Dean, Marlon
Brando oder Brad Pitt.

ein Remake des dänischen Films »Nachtwache« (1994) vom gleichen Regisseur. Soderbergh, so scheint es, ist einer der ersten jüngeren Regisseure, der es vom Talent zum Visionär in Hollywood geschafft hat.

Business as usual: Regisseure, Stars und Sternchen

Dem unverwechselbaren Stil von Regisseuren wie Stone, Cameron, den Coen-Brüdern, Tarantino, Fincher oder Soderbergh verdankt Hollywood heute sicherlich die größten kreativen Impulse. Aber auch andere Regisseure haben sich um Hollywoods Filmkunst verdient gemacht. Bereits in den 1980er Jahren hatte Michael Mann (»Heat« 1995) mit der von Universal produzierten Fernsehserie »Miami Vice« (1984–1989) Hollywoods Bildästhetik nachhaltig beeinflusst. Filme des im Zeichentrickfach ausgebildeten Tim Burton wurden für ihren phantasievollen visuellen Stil und abgründigen Humor bekannt (»Batman« 1989, »Edward mit den Scherenhänden« 1990). Mit originellen Mischungen aus filmhistorischen Zitaten und Comic-Elementen wagte er sich an grelle Genrebearbeitungen wie »Mars Attacks!« (1996) oder »Sleepy Hollow« (1999). Der frühere Kameramann Jan de Bont übersetzte in seiner ersten Regiearbeit »Speed« (1994) die Essenz des Kinos – Bewegung und Geschwindigkeit – in einen atemberaubenden Actionfilm und machte damit Sandra Bullock zum Star. Der Australier Baz Luhrman sorgte für frischen Wind im Musical-Genre, indem er klassische Erzählungen zu Pop-Musicals umfunktionierte (»Romeo & Juliet« 1996) oder ästhetisch virtuos mit Musik, Farbe und Tanzelementen spielte, die er in eine komisch-romantische Geschichte einbettete (»Moulin Rouge« 2001). Paul Thomas Anderson begeisterte nach dem Kritikererfolg »Boogie Nights« (1997) mit dem exzellent inszenierten und gespielten Drama »Magnolia« (1999). Multitalent Billy Bob Thornton, der 1996 als Drehbuchautor, Regisseur und Hauptdarsteller in dem Außenseiterdrama »Sling Blade – Auf Messers Schneide« brillierte, gilt als hoffnungsvolles und vielseitiges Talent. Auch Christopher Nolan, der mit »Memento« (2000) ein äußerst irritierendes, weil

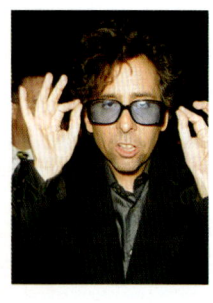

Tim Burtons skurrilen Einfällen und bizarren Ideen verdankt Hollywood einige höchst amüsante Filme, in denen er immer wieder auf seine Zeichentrick- und Comic-Erfahrungen zurückgriff (»Batman« 1989) oder Hollywoods Filmgeschichte genüsslich veralberte (»Mars Attacks!« 1996).

ausschließlich in Rückblenden erzähltes Drama inszenierte, gehört zu Hollywoods Hoffnungsträgern. Sam Mendes nahm in seiner beißenden Sozialsatire »American Beauty« (1999) US-amerikanische Lebensverhältnisse aufs Korn und erhielt dafür fünf Oscars für die Kategorien beste Regie, bester Film, beste Hauptrolle, beste Kameraarbeit und bestes Drehbuch. Der vor allem mit Musikvideos (u. a. für Beastie Boys, R.E.M.) bekannt gewordene Spike Jonze spielte in der skurrilen Komödie »Being John Malkovich« (1999) auf höchst vergnügliche Weise mit der Identität von Hollywood-Star John Malkovich, der sich in dem Film selbst darstellte. M. Night Shyamalan bewies mit »The Sixth Sense« (1999), dass abgründiger Horror und bittere Melancholie dank eines ausgezeichneten Zusammenspiels von Regie und Hauptdarstellern (Haley Joel Osment, Bruce Willis) auch ohne großen tricktechnischen Aufwand entstehen können. Und die Brüder Andy und Larry Wachowski gaben mit »The Matrix« (1999) dem Konzept des *blockbusters* eine neue Dimension: Mit einer auf das jugendliche Publikum zielenden Werbekampagne, mit Internet-Auftritt und herunterladbaren Filmsequenzen, mit Videospielen und Merchandising-Artikeln, mit dem Einsatz einer im Spielfilm neuartigen optischen Tricktechnik zur Manipulation der Zeitachse *(time slice)*, mit weiteren unzähligen digitalen Effekten und Referenzen an die Comic-Kunst sowie pseudophilosophischem Tiefgang prägte »The Matrix« die Popkultur zur Jahrtausendwende.

Bei aller kreativen Macht der Regisseure kann Hollywood nach wie vor aber auf eines nicht verzichten: Auf seine Schauspielerinnen und Schauspieler, den Exponenten jenes Glamours, für den Hollywood berühmt wurde. Nicole Kidman, die für ihre Rolle in »Moulin Rouge« 7.000.000 Dollar erhielt, glänzte in Kubricks »Eyes Wide Shut« (1999) als Charakterdarstellerin und erhielt für ihre Rolle der Virginia Woolf in der Literaturverfilmung »The Hours – Von Ewigkeit zu Ewigkeit« (2002) den Oscar für die beste weibliche Hauptrolle. Julianne Moore erwarb sich durch überzeugende Leistungen hohes Ansehen bei Kritik und Publikum und erhielt für ihre Darstellungen in »Das Ende einer Affäre« (1999) sowie »Dem Himmel so fern« (2002) jeweils eine Oscar-Nominierung als beste Schauspielerin in einer Hauptrolle. Starke Frauentypen sind in Hollywood immer noch gefragt. Mit Salma Hayek (»Frida« 2002) oder Jodie Foster (»Panic Room« 2002), die schon seit ihrem 13. Lebensjahr – in »Taxi Driver« von 1976 – vor der Kamera agiert, verfügt Hollywood über ein großes Potenzial selbstbewusster und wandlungsfähiger Schauspielerinnen, die sich auch im Regiefach bewiesen haben. Ihre beeindruckende Vielseitigkeit hat Julia Roberts in so unterschiedlichen Filmen wie »Pretty Woman« (1990) und »Erin Brockovich« (2000) unter Beweis gestellt. Daneben sind Hollywood-Schöne wie Gwyneth Paltrow (»Shakespeare in Love« 1998) und die ehemaligen Fotomodelle Angelina Jolie (»Lara Croft« 2001), Halle Berry, die 2001 für ihre Hauptrolle in »Monster's Ball« mit dem Oscar ausgezeichnet wurde, oder Cameron Diaz (»Vanilla Sky« 2001) gefragt wie eh und je.

Aber auch die Erben von Clark Gable, Cary Grant und Humphrey Bogart stehen dem nicht nach. Allen voran vielleicht der virtuose Charakterdarsteller Kevin Spacey (»Sieben« 1995, »American Beauty« 1999), der ewig juvenile Tom Cruise (»Mission Impossible« 1996), der freundliche Macho und Charmeur mit komödiantischem Talent George Clooney (»Ocean's Eleven« 2001) sowie der anpassungsfähige Profi Tom Hanks (»Cast Away – Verschollen« 2000). Jungschauspieler wie Brad Pitt (»Fight Club« 1999), Johnny Depp (»From Hell« 2001), Keanu Reeves (»The Matrix« 1999) und Edward Norton (»American History X« 1998) haben sich längst einen Stammplatz in Hollywood erarbeitet. Und mit Benicio del Toro (»Traffic – Die Macht des Kartells« 2000) und Joaquin Phoenix (»Gladiator« 2000) verfügt Hollywood über weitere, äußerst vielversprechende Persönlichkeiten. Jugendlich wirkende blockbuster-Stars wie Leonardo DiCaprio (»Titanic« 1997, »Gangs of New York« 2002), Ben Affleck (»Pearl Harbor« 2001) und Matt Damon (»Die Bourne Identität« 2001) müssen sich allerdings erst noch in differenzierteren Rollen beweisen.

Inhaltliche Neuerungen

Selbstredend werden unablässig Regisseure, Produzenten und Sternchen entdeckt, die eine Weile Erfolg haben und dann wieder abtreten. Doch im Vergleich mit den Filmen der klassischen Studiophase Hollywoods haben sich nicht nur die technischen und wirtschaftlichen Voraussetzungen gewandelt: Auch bei der Themenwahl hat Hollywood seit der Lockerung des Production Code neue Wege beschritten. Seit es möglich wurde, Gewalt und Sex ohne künstlerische (und oft auch künstliche) Verrenkungen offen darzustellen, hat sich Hollywood thematisch kontinuierlich zu den extremen Polen von Eros und Thanatos, Liebe und Tod, vorgewagt. Dennoch ist die Moral der Geschichten unvermindert konservativ und vom politischen Mainstream abweichende Stellungnahmen bilden nach wie vor die Ausnahme.

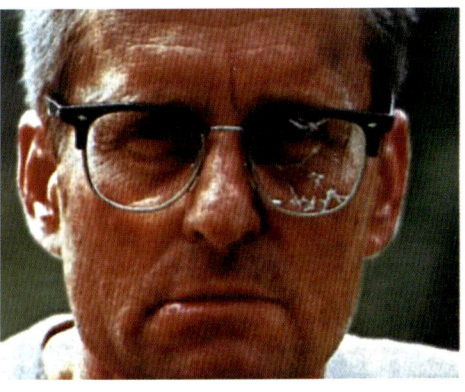

Filme wie »Der weiße Hai« (1975), »Jurassic Park« (1993) oder »Titanic« (1997) schreckten vor drastischen Darstellungen des Todes nicht zurück, eher im Gegenteil: Auf dem zu erwartenden Schrecken baute beinahe ihre gesamte Dramaturgie auf. Filme wie »Terminator« (1984) und »Terminator 2 – Tag der Abrechnung« (1991) oder »Das Schweigen der Lämmer« (1991) hingegen setzten konsequent auf düstere, brutale, zynisch-gewalttätige oder psychopathologische Geschichten. Auch wenn bereits Vorläufer wie »Taxi Driver« (1976), »Die durch die Hölle gehen« (1978), »Rambo« (1982) oder »Jacob's Ladder« (1990) verstörende Gewaltdarstellungen beinhalteten, so thematisierten diese Filme doch konkrete historische Ereignisse wie den Vietnamkrieg oder die Ermordung populärer Politiker. In diesen Filmen war die ungewohnte, den Zuschauer filmisch

In jüngeren Hollywood-Filmen gerieten immer wieder weiße Männer unverschuldet in existenzielle Not und ausweglose, lebensbedrohliche Situationen. Michael Douglas spielte in »Falling Down« (1993) einen Durchschnittsamerikaner, der die Zumutungen seiner Umwelt nicht länger ertragen kann und vergebens versucht, sich in einem Akt der Selbstjustiz Respekt zu verschaffen.

traumatisierende Inszenierungspraxis noch durch die Wechselbeziehung von gesellschaftsgeschichtlichem Hintergrund und individuellem Leben motiviert. Großproduktionen dagegen sparten in der Regel solcherlei Zusammenhänge aus und widmeten sich traditionellen Motiven wie heldenhaften Männerfiguren, oftmals gespielt von Stars wie Bruce Willis (»Armageddon« 1998) oder Mel Gibson (»Der Patriot« 2000).

Daneben wurden seit den 1990er Jahren Filme populär, die sich ganz auf ein Individuum konzentrierten und es zum Gegenstand existenzieller Martyrien machten, oft ohne Zusammenhänge zu liefern. Zumeist gerieten dabei männliche weiße Helden in physisch und psychisch ausweglose Situationen (»Stirb langsam« 1988, 1990, 1995, »Mad City« 1997). Die ungemein körperbetonten und aggressiven *White-Male*-Paranoia-Filme beuteten die traumatischen Situationen, in die ihre Helden unversehens gerieten, dramaturgisch gründlich aus. Der weiße Mann als Opfer der Verhältnisse wurde zu einem neuen Topos der Geschichten Hollywoods (z. B. »Falling Down – Ein ganz normaler Tag« 1993, »Fletcher's Visionen« 1997). Wie zum Ausgleich entstanden ebenso kunstvolle wie kitschige Romanzen wie »Pretty Woman« (1990) und »Notting Hill« (1999), beide mit Julia Roberts in der Hauptrolle, oder »Green Card – Schein-Ehe mit Hindernissen« (1990). Daneben wurden Filme über gesellschaftliche Minderheiten oder behinderte Menschen wie »Rain Man« (1988), »Zeit des Erwachens« (1990) oder »Forrest Gump« (1994) populär. Besondere Aufmerksamkeit widmete Hollywood starken Frauenfiguren, auch wenn diese – wie für Hollywood typisch – regelmäßig scheitern mussten, unter anderem »Eine verhängnisvolle Affäre« (1987), »Misery« (1990), »Das Schweigen der Lämmer« (1991), »Thelma & Louise« (1991), »Grüne Tomaten« (1991), »Die Akte Jane« (1997), »Erin Brockovich« (2000). Das neue Hollywood hatte sich behutsam angepasst, das Bestehende intensiviert und sich zugleich erfolgversprechenden Konzepten geöffnet – eine Strategie, die Hollywoods Erfolg zu allen Zeiten sichern half.

Hollywoods Filmindustrie konnte sich letztlich völlig rehabilitieren und hat seine weltweite Führungsrolle nicht nur im klassischen Metier des Spielfilms, sondern vor allem bei Fernsehen und Video gefestigt. Das neue Hollywood, eingebettet in internationale Konzerne, erneut mit der Tendenz, alle Geschäftsbereiche zu kontrollieren und mit einer Produktpalette, die jede Nische erreicht, nicht einfach das Erfolgsmodell der Studioära: Es entwickelt sich derzeit scheinbar unaufhaltsam zur mächtigsten Medienindustrie der Welt. Was dem neuerlich entfesselten Expansionsdrang Hollywoods zum Opfer fallen könnte – nationale Filmindustrien, alternatives Filmemachen, ungewohnte Themen, ungesehene Bildästhetiken, unbekannte Filmleute – lässt sich indes nur erahnen. Und mit der Digitalisierung der Medien von DVD über Heimkino bis zum World Wide Web scheint ein weiteres Kapitel aufgeschlagen zu haben, in dem Hollywoods Produkte neue Bereiche des täglichen Lebens erobern werden. Doch wie schon Adolph Zukor wusste, hängt auch diesmal vielleicht alles nur vom unbestechlichen Geschmack des Publikums ab, dem seit jeher Hollywoods größte Aufmerksamkeit galt: »The public is never wrong.«

Mühelos und auf beinahe bedenklich amüsante Art und Weise wurden in »Forrest Gump« (1994) mit Hilfe von Computern historische Filmdokumente mit fiktiven Bildern zu einer bilderstürmerischen »tour de force« durch die Geschichte der US-amerikanischen Medien- und Popkultur verwoben.

Personenregister

Personenregister

Laughton, Charles 25, 106
Laurel, Stan 47f., 55, 68, 97
Lawrence, Florence 88
Lawson, John Howard 112
Lean, David 41
Leigh, Vivian 37, 58
Lewin, Albert 111
Lewis, Jerry 83, 90
Lewton, Val 36, 51, 76, 97
Lloyd, Harold 45, 47, 67, 97
Lockhart, Calvin 139
Loew, Marcus 10, 14, 37ff., 77
Lombard, Carole 28
Lopez, Jennifer 174
Lorre, Peter 119, 130
Losey, Joseph 41, 86, 111, 113
Loy, Myrna 38
Lubitsch, Ernst 28f., 86
Lucas, George 4, 74, 87, 126, 131f., 134ff., 154, 157f., 160, 163, 172
Lugosi, Bela 42
Luhrman, Baz 176
Lumet, Sidney 87, 120
Lynch, David 147, 148, 173
Lyne, Adrian 168
MacGraw, Ali 129
MacLean, Douglas 44
Maltz, Albert 112
Mamoulian, Rouben 28, 71, 86
Mann, Anthony 86, 119
Mann, Michael 176
Martin, Dean 83
Marvin, Lee 121
Marx, Chico 29
Marx, Groucho 29
Marx, Harpo 29
Marx, Zeppo 29
Mayer, Louis B. 37, 59, 80ff.
McDormand, Frances 166
McKay, Craig 87
McQueen, Steve 129
Medak, Peter 172
Méliès, George 10, 166
Mendes, Sam 177
Meyers, Zion 44
Milestone, Lewis 111
Milius, John 131
Milland, Ray 119
Minnelli, Vincente 38, 86
Monroe, Marilyn 4, 8, 32, 89f., 120f.
Moore, Julianne 177
Muni, Paul 34, 83
Murdoch, Rupert 145
Murnau, Friedrich Wilhelm 31
Neeson, Liam 137
Newman, Paul 120, 129
Nichols, Mike 124, 128
Nicholson, Jack 9, 40, 127, 132
Nicholson, James H. 118
Niven, David 81
Nolan, Christopher 176f.
Norton, Edward 173, 178
Olivier, Laurence 58
Ornitz, Samuel 112
Osment, Haley Joel 177

Pakula, Alan J. 87, 131
Paltrow, Gwyneth 178
Parker, Alan 168
Peckinpah, Sam 86, 98, 128f.
Penn, Arthur 87, 128
Phoenix, Joaquin 178
Pickford, Mary 15, 16, 28, 39
Pitt, Brad 91, 173, 175, 178
Poitier, Sidney 120, 123
Polanski, Roman 133
Pollack, Sydney 87, 129
Polonsky, Abraham 111
Powell, William 38
Preminger, Otto 41, 86
Presley, Elvis 117f.
Price, Vincent 119
Proyas, Alex 172
Pudowkin, Vsevolod 83
Rafelson, Bob 131
Raimi, Sam 165f.
Rank, J. Arthur 45
Ray, Nicholas 86
Reagan, Ronald 111f.
Redford, Robert 128, 168, 172
Reeves, Keanu 178
Renoir, Jean 111
Ritter, Tex 44, 51
Roach, Hal 45ff., 55, 58
Roberts, Julia 91, 174f., 178f.
Robinson, Edward 34, 83, 112
Rodriguez, Robert 171f.
Rogers, Ginger 35, 90, 96
Rooney, Mickey 38, 58
Rossen, Robert 41, 111
Roth, Tim 170
Russell, Jane 8
Russell, Kurt 160
Sawyer, Gordon E. 60
Sayles, John 127
Scheider, Roy 136
Schenck, Joseph 31, 82
Schlöndorff, Volker 127
Schrader, Paul 105, 132
Schwarzenegger, Arnold 163f.
Scorsese, Martin 87, 127f., 131f., 160, 161
Scott, Adrian 112
Scott, Randolf 43
Scott, Ridley 87, 164, 168
Scott, Tony 168, 171f.
Selwyn, Archibald 81
Selwyn, Edgar 81
Selznick, David O. 38, 58, 81f.
Sennett, Mack 45ff., 67f., 82
Shearer, Norma 38
Shyamalan, M. Night 177
Siegel, Don 87
Singer, Bryan 172
Siodmak, Robert 86, 102
Sirk, Douglas 86
Soderbergh, Steven 160, 168, 172, 174ff.
Spacey, Kevin 91, 178
Spielberg, Steven 87, 115, 124ff., 130, 131f., 134ff., 142, 144, 156, 160
Stallone, Sylvester 127
Stamp, Terrence 174

Stanley, George 59
Stanwyck, Barbara 69f., 110
Steele, Bob 44f.
Stevens, George 46f., 85f.
Stewart, James 58
Stone, Oliver 160ff., 171f., 176
Stone, Sharon 160
Streep, Meryl 91, 156
Sturges, John 86
Sturges, Preston 30, 167
Sutherland, Donald 129
Swanson, Gloria 28, 39, 46
Talmadge, Norma 39
Tarantino, Quentin 87, 147, 160, 162, 168, 169ff., 176
Tashlin, Frank 111
Taylor, Elizabeth 32, 38, 120, 123, 124
Temple, Shirley 31f.
Thalberg, Irving G. 37, 60, 79f., 135
Thornton, Billy Bob 167, 176
Thurman, Uma 170, 171
Toland, Gregg 36, 81
Tourneur, Jacques 36
Tracy, Spencer 38
Travolta, John 4, 91, 170
Trumbo, Dalton 112
Turner, Florence 88
Turner, Ted 148, 153
Turpin, Ben 46f.
Turturro, John 167
Valenti, Jack 152
Valentino, Rudolph 28, 39, 80, 90
van Peebles, Melvin 139
Vidor, King 85
von Sternberg, Josef 28f., 86, 97f.
von Stroheim, Erich 41, 79, 86
Wachowski, Andy 177
Wachowski, Larry 177
Wallis, Hal B. 83f.
Walsh, Raoul 86
Warner, Sam 33ff.
Warner, Albert 33ff.
Warner, Harry 33ff.
Warner, Jack 33ff., 82, 111f., 123
Wayne, John 42f., 90, 96
Weinstein, Bob 160
Weinstein, Harvey 160, 170
Welles, Orson 35f., 75, 84, 86, 107, 169
Wellman, William 111
West, Mae 28, 29, 56, 67
Wexler, Haskell 135
Wilder, Billy 30, 85f.
Willis, Bruce 91, 170, 177, 180
Winslet, Kate 4, 165, 167
Wood, Sam 58
Wyler, William 58, 81, 85f.
Yates, Herbert 42
Zanuck, Darryl F. 31f., 82f.
Zeta-Jones, Catherine 175
Zinnemann, Fred 41, 86, 111
Zukor, Adolph 7, 10, 14ff., 27f., 37, 76ff., 81, 88, 181

183

Filmregister

Filmregister

Filmregister

Filmregister

Filmregister

Filmregister

Rampenlicht, *Limelight*, C. Chaplin, 1952 *67f.*

Rattennest, *Kiss Me Deadly*, R. Aldrich, 1955 *86, 108*

Rebecca, A. Hitchcock, 1940 *61, 82*

Rekrut Willie Winkie, *Wee Willie Winkie*, J. Ford, 1937 *31f.*

Reservoir Dogs – Wilde Hunde, *Reservoir Dogs*, Q. Tarantino, 1992 *169f.*

Revolver-Kelly, *Machine Gun Kelly*, R. Corman, 1958 *118*

Rhythmus hinter Gittern, *Jailhouse Rock*, R. Thorpe, 1957 *117*

Riders of Destiny, R. N. Bradbury, 1933 *43*

Ringo, *Stagecoach*, J. Ford, 1939 *58, 96*

Rio Grande, J. Ford, 1950 *43*

Robin Hood, König der Vagabunden, *The Adventures of Robin Hood*, M. Curtiz, W. Keighley, 1938 *83*

Rocky, J. G. Avildsen, 1976 *40, 60*

Romeo is Bleeding, P. Medak, 1993 *172*

Romeo und Julia, *Romeo and Juliet*, G. Cukor, 1936 *80*

Rosemaries Baby, *Rosemary's Baby*, R. Polanski, 1968 *128*

Rosita, E. Lubitsch, R. Walsh, 1923 *28*

Roter Staub, *The Brave One*, I. Rapper, 1956 *112*

Ruhelose Liebe, *Love Affair*, L. McCarey, 1939 *58*

Sador – Herrscher im Weltraum, *Battle Beyond the Stars*, J. T. Murakami, 1980 *163*

Salvador, O. Stone, 1986 *161*

Scarface, H. Hawks, 1932 *34, 56, 98*

Schatten, *Shadows*, J. Cassavetes, 1960 *127f.*

Schindlers Liste, *Schindler's List*, S. Spielberg, 1993 *134, 137, 146*

Schizopolis, S. Soderbergh, 1996 *174*

Schlagende Wetter, *How Green Was My Valley*, J. Ford, 1941 *82*

Schnappt Shorty, *Get Shorty*, B. Sonnenfeld, 1995 *148*

Schneewittchen und die sieben Zwerge, *Snow White and the Seven Dwarfs*, D. D. Hand u.a., 1937 *23, 48*

Schönste, liebe mich, *Love Me Tonight*, R. Mamoulian, 1932 *29*

Schreie und Flüstern, *Viskningar och rop*, I. Bergman, 1972 *127*

Schuldig bei Verdacht, *Guilty By Suspicion*, I. Winkler, 1991 *113*

Seifenkistenrennen in Venedig, *Kid Auto Races at Venice*, H. Lehrman, 1914 *68*

Sein Mädchen für besondere Fälle, *His Girl Friday*, H. Hawks, 1940 *40f.*

Seminola, B. Boetticher, 1953 *119*

Sensation Hunters, C. Vidor, 1933 *43*

Sex, Lügen und Video, *Sex, lies, and videotape*, S. Soderbergh, 1989 *174*

Shaft, G. Parks, 1971 *139*

Shampoo, H. Ashby, 1975 *148*

Shining, *The Shining*, S. Kubrick, 1980 *132*

Shrek – Der tollkühne Held, *Shrek*, A. Adamson, V. Jenson, 2001 *159*

Sie tat ihm unrecht, *She Done Him Wrong*, L. Sherman, 1933 *29*

Sieben, *Seven*, D. Fincher, 1995 *173, 178*

Skandal in der Oper, *A Night at the Opera*, S. Wood, 1935 *80*

Sleepy Hollow, T. Burton, 1999 *176*

Sling Blade – Auf Messers Schneide, *Sling Blade*, B. B. Thornton, 1996 *176*

Song of the Gringo, J. P. McCarthy, 1936 *44*

Sorgenfrei durch Dr. Flagg – Carefree, *Carefree*, M. Sandrich, 1938 *35*

South Pacific, J. Logan, 1958 *32*

Spartacus, S. Kubrick, 1960 *112*

Speed, J. de Bont, 1994 *176*

Spiderman, S. Raimi, 2002 *140f., 148, 158*

Splash – Jungfrau am Haken, *Splash*, R. Howard, 1984 *146*

Star Trek II – Der Zorn des Khan, *Star Trek – The Wrath of Khan*, N. Meyer, 1982 *155ff.*

Star Wars – Krieg der Sterne, *Star Wars*, G. Lucas, 1977 *74f., 87, 132, 136f., 145, 153, 154*

Star Wars – Das Imperium schlägt zurück, *Star Wars – The Empire Strikes Back*, I. Kershner, 1980 *137*

Star Wars – Die Rückkehr der Jedi-Ritter, *Star Wars – The Return of the Jedi*, R. Marquand, 1983 *137*

Star Wars: Episode I – Die dunkle Bedrohung, *Star Wars: Episode I – The Phantom Menace*, G. Lucas, 1999 *137, 140f., 157*

Star Wars: Episode II – Angriff der Klon-Krieger, *Star Wars: Episode II – Attack of the Clones*, G. Lucas, 2002 *137*

Starfight, *The Last Starfighter*, N. Castle Jr., 1984 *155f.*

Starship Troopers, P. Verhoeven, 1997 *156*

Stirb langsam, *Die Hard*, J. McTiernan, 1988 *138, 145, 180*

Strange Days, K. Bigelow, 1995 *165*

Sturmhöhe, *Wuthering Heights*, W. Wyler, 1939 *58*

Sugarland Express, S. Spielberg, 1974 *132, 134*

Sullivans Reisen, *Sullivan's Travels*, P. Sturges, 1941 *30, 167*

Sunrise, F. W. Murnau, 1927 *31*

Superfly, G. Parks Jr., 1972 *138*

Suture, S. McGehee, D. Siegel, 1994 *175f.*

Sweet Sweetbacks Lied, *Sweet Sweetback's Baadassss Song*, M. Van Peebles, 1971 *139*

Swing Time, G. Stevens, 1936 *35, 96*

Tabu der Gerechten, *Gentleman's Agreement*, E. Kazan, 1947 *32, 61*

Tanz der Teufel, *The Evil Dead*, S. Raimi, 1982 *165f.*

Tanz mit mir, *Shall We Dance?*, M. Sandrich, 1937 *35*

Tarantula, J. Arnold, 1955 *86*

Taxi Driver, M. Scorsese, 1976 *37, 132, 159, 178f.*

Teenage Cave Man, R. Corman, 1958 *118*

Terminator, *The Terminator*, J. Cameron, 1984 *163f., 179*

Terminator 2 – Tag der Abrechnung, *Terminator 2 – Judgement Day*, J. Cameron, 1991 *151, 156, 163f., 179*

The Battle of the Century, C. Bruckman, 1927 *45*

The Big Broadcast of 1938, M. Leisen, 1938 *29f.*

The Big Lebowski, J. Coen, 1997 *167*

The Cat and the Canary, P. Leni, 1927 *97*

The Covered Wagon, J. Cruze, 1923 *28*

The Crow – Die Krähe, *The Crow*, A. Proyas, 1994 *172*

189

Filmregister

Ames, C.: *Movies About the Movies, Hollywood Reflected,* Lexington 1997

Arnold, F.: *Experimente in Hollywood: Steven Soderbergh und seine Filme,* Mainz 2003

Asper, H. G.: *»Etwas Besseres als den Tod …« Filmexil in Hollywood,* Marburg 2002

Balio, T.: *The American Film Industry,* Madison 1976

Balio, T.: *Hollywood in the Age of Television,* Boston u. a. 1990

Berger, J. (Hg.): *Production Design: Ken Adam. Meisterwerke der Filmarchitektur,* Geiselgasteig 1997

Birdwell, M. E.: *Das andere Hollywood der dreißiger Jahre. Die Kampagne der Warner Bros. gegen die Nazis,* Hamburg 2000

Biskind, P.: *Easy Riders, Raging Bulls,* Frankfurt/M. 2000

Blanchet, R.: *Blockbuster. Ästhetik, Ökonomie und Geschichte des postklassischen Hollywoodkinos,* Marburg 2002

Blumenberg, H. C.: *New Hollywood,* München 1976

Bordwell, D.; Staiger, J.; Thompson, K.: *The Classical Hollywood Cinema. Film Style & Mode of Production to 1960,* London 1985

Bordwell, D.: *Narration in the Fiction Film,* Madison 1985

Bordwell, D.: *Film History,* New York 1994

Bordwell, D.: *On the History of Film Style,* Cambridge (Mass.) 1996

Bordwell, D.: *Film Art. An Introduction,* New York 2001

Bronfen, E.: *Heimweh. Illusionsspiele in Hollywood,* Berlin 1999

Brownlow, K.: *Pioniere des Films. Vom Stummfilm bis Hollywood,* Frankfurt/M. 1997

Burger, R.: *Contemporary Costume Design: Dress Codes und weibliche Stereotype im Hollywood-Film,* Wien 2002

Capra, F.: *The Name Above the Title,* New York 1971

Carr, S. A.: *Hollywood and Anti-Semitism. A Cultural History up to World War II,* Cambridge 2001

Cavell, S.: *Pursuits of Happiness. The Hollywood Comedy of Remarriage,* Cambridge (Mass.) 1981

Cohan, S.: *Hollywood Musicals. The Film Reader,* London 2002

Cook, P.; Berning, M.: *The Cinema Book,* London 1999

Cripps, T.: *Slow Fade to Black: The Negro in American Film 1900–1942,* New York 1977

Cross, R.: *The Big Book of »B« Movies or How Low Was My Budget,* New York 1981

Custen, G. F.: *Bio-Pics. How Hollywood Constructed Public History,* New Brunswick 1992

Dittmar, L.: *From Hanoi to Hollywood. The Vietnam War in American Film,* New Brunswick 1990

Farber, S.; Green, M.: *Hollywood Dynasties,* New York 1984

Feuer, J.: *The Hollywood Musical,* London 1982

Flinn, C.: *Strains of Utopia. Gender, Nostalgia, and Hollywood Film Music,* Princeton 1992

Flückiger, B.: *Sound Design. Die virtuelle Klangwelt des Films,* Marburg 2001

Friedrich, O.: *City of Nets: A Portrait of Hollywood in the 1940s,* New York 1986

Gabler, N.: *An Empire of Their Own: How the Jews Invented Hollywood,* New York 1985

Gaines, J. (Hg.): *Classical Hollywood Narrative. The Paradigm Wars,* Durham 1992

Gehring, W. D.: *Screwball Comedy: A Genre of Madcap Romance,* New York 1986

Giovacchini, S.: *Hollywood Modernism. Film and Politics in the Age of the New Deal,* Philadelphia 2001

Gomery, D.: *The Hollywood Studio System,* London 1986

Grantham, B.: *›Some big bourgeois brothel‹ – Contexts for France's Culture Wars with Hollywood,* Luton 2000

Green, P.: *Cracks in the Pedestal. Ideology and Gender in Hollywood,* Amherst 1998

Harvey, J.: *Romantic Comedy in Hollywood. From Lubitsch to Sturges,* New York 1987

Haver, R.: *David O. Selznick's Hollywood,* München 1983

Hay, P.: *MGM: When the Lion Roars,* Atlanta 1991

Higham, C.: *Warner Brothers,* New York 1975

Hill, J.: *The Oxford Guide to Film Studies,* New York 1998

Horak, J.-C.: *Fluchtpunkt Hollywood. Zur Filmemigration nach 1933,* Münster 1984

Horwath, A.: *The Last Great American Picture Show. New Hollywood 1967–1976,* Wien 1995

Jacobsen, W. (Hg.): *Siodmak Bros. Berlin – Paris – London – Hollywood,* Berlin 1998

Jarvie, I. C.: *Hollywood's Overseas Campaign. The North Atlantic Movie Trade, 1920–1950,* New York 1992

Jewell, R. B.; Harbin, V.: *The RKO Story,* New York 1982

Karnick, K. B.: *Classical Hollywood Comedy,* New York 1995

Kendall, E.: *The Runaway Bridge. Hollywood Romantic Comedy of the 1930s,* New York 1990

King, G.: *Spectacular Narratives,* London 2000

Koppes C. R.: *Hollywood Goes to War. How Politics, Profits and Propaganda shaped World War II Movies,* Berkeley 1990

Koszarski, R.: *The Man You Loved to Hate: Erich von Stroheim and Hollywood,* Oxford 1983

Krämer, P.: *The Big Picture. Hollywood Cinema from Star Wars to Titanic,* London 2001

Lasky, J. Jr.: *Whatever Happened to Hollywood?,* New York 1975

Leff, L. J.: *Hitchcock and Selznick. The Rich and Strange Collaboration of Alfred Hitchcock and David O. Selznick in Hollywood,* New York 1987

MacDonald, P.: *The Star System,* London 2000

Maltby, R.: *Harmless Entertainment. Hollywood and the Ideology of Consensus,* Metuchen 1983

Maltby, R.: *Hollywood Cinema,* Oxford 1995

Mazdon, L.: *Encore Hollywood. Remaking French Cinema,* London 2000

McCrisken, T.: *American History and Contemporary Hollywood Film,* Edinburgh 2003

Miller, T. u. a.: *Global Hollywood,* London 2001

Muscio, G.: *Hollywood's New Deal,* Philadelphia 1997

Naremore, J.: *More Than Night. Film noir in its Contexts,* Berkeley 1998

Navasky, V. S.: *Naming Names,* New York 1980

Neale, S.: *Genre and Hollywood,* London 2000

Neale, S.: *Genre and contemporary Hollywood,* London 2002

Nelmes, J.: *An Introduction to Film Studies,* London 1999

Nowell-Smith, G.: *Geschichte des internationalen Films,* Stuttgart, Weimar 1998

Bibliografie und Bildnachweis

Null, G.: *Black Hollywood: The Negro in Motion Pictures*, Secaucus, New Jersey 1975

O'Connor, J. E.: *American History – American Film*, New York 1980

O'Dell, P.: *Griffith and the Rise of Hollywood*, New York 1970

Okuda, T.: *The Columbia Comedy Shorts. Two-Reel Hollywood Film Comedies, 1933–1958*, Jefferson 1986

Paris, T.: *Quelle diversité face à Hollywood?*, Condé-sur-Noireau 2002

Patterson, L.: *Black Films and Film-Makers*, New York 1975

Prokop, D.: *Hollywood, Hollywood*, Köln 1988

Pye. M.; Myles, L.: *The Movie Brats*, London 1979

Reinecke, S.: *Hollywood Goes Vietnam. Der Vietnamkrieg im US-amerikanischen Film*, Marburg 1993

Rogall, S. (Hg.): *Steven Soderbergh und seine Filme*, Marburg 2003

Rosenbaum, J.: *Movie Wars. How Hollywood and the Media Limit What Films We Can See*, London 2002

Röwekamp, B.: *Vom film noir zur méthode noire. Die Evolution filmischer Schwarzmalerei*, Marburg 2003

Sarris, A.: *The American Cinema. Directors and Directions 1929–1968*, New York 1968

Sarris, A.: *You Ain't Heard Nothin' Yet: The American Talking Film, History & Memory 1927–1949*, New York 1998

Schaal, H. D.: *Learning From Hollywood. Architektur und Film*, Stuttgart 1996

Schatz, T.: *Hollywood Genres. Formulars, Filmmaking, and the Studio System*, New York 1981

Schatz, T.: *The Genius of the System*, New York 1988

Schatz, T.: *Boom and Bust. The American Cinema in the 1940s*, New York 1997

Schrecker, E.: *The Age of McCarthyism: A Brief History With Documents*, Boston 1994

Schwartz, L. N.: *The Hollywood Writers Wars*, New York 1982

Scott, I.: *American Politics in Hollywood Film*, Edinburgh 2000

Sennett, R. S.: *Traumfabrik Hollywood. Wie Stars gemacht und Mythen geboren wurden*, Hamburg 2000

Shindler, C.: *Hollywood in Crisis. Cinema and American Society 1929–1939*, London 1996

Silver, A.; Ward, E.: *Film Noir, Encyclopedic Reference to the American Style*, Woodstock 1992

Silver, A.; Ursini, J.: *The Noir Style*, Woodstock 1999

Singer, B.: *Melodrama and Modernity. Early Sensational Cinema and Its Contexts*, New York 2001

Sinyard, N.: *Silent Movies*, New York 1990

Spieker, M.: *Hollywood unterm Hakenkreuz. Der amerikanische Spielfilm im Dritten Reich*, Trier 1999

Taylor, J. R.: *Fremde im Paradies. Emigranten in Hollywood 1933–1950*, Berlin 1984

Telotte, J. P.: *The Cult Film Experience*, Austin 1991

Telotte, J. P.: *Science Fiction Film*, Cambridge 2001

Thomas, D.: *Beyond Genre. Melodrama, Comedy and Romance in Hollywood Films*, Moffat 2000

Thomas, T.: *Howard Hughes in Hollywood*, Secaucus 1985

Thompson, K.: *Exporting Entertainment. America in the World Film Market, 1907–34*, London 1985

Thompson, K.: *Storytelling in the New Hollywood*, Cambridge 1999

Torrence, B. T.: *Hollywood. The First Hundred Years*, New York 1982

Trumbo, D.: *Additional Dialogue. Letters of Dalton Trumbo 1942–1962*, New York 1970

Ungerböck, A.: *Blacklisted. Movies by the Hollywood Blacklist Victims*, Wien 2000

Vasey, R.: *The World According to Hollywood, 1918–1939*, Madison 1997

Warner, J.: *My First 100 Years in Hollywood*, New York 1965

Wasser, F.: *Veni, Vidi, Video: The Hollywood Empire and the VCR*, Austin 2001

Weiss, U.: *Das neue Hollywood: Francis Ford Coppola, Steven Spielberg, Martin Scorsese*, München 1986

Willis, S.: *High Contrast. Race and Gender in Contemporary Hollywood Film*, Durham 1997

Wood, R.: *Hollywood From Vietnam to Reagan*, New York 1986

Zolotow, M.: *Billy Wilder in Hollywood*, New York 1996